▲ “巴黎公社万岁”，英国工人向巴黎公社致敬

▲ 巴黎巷战中妇女守卫的布朗什广场街垒

▼ 投入街垒战的巴黎民众

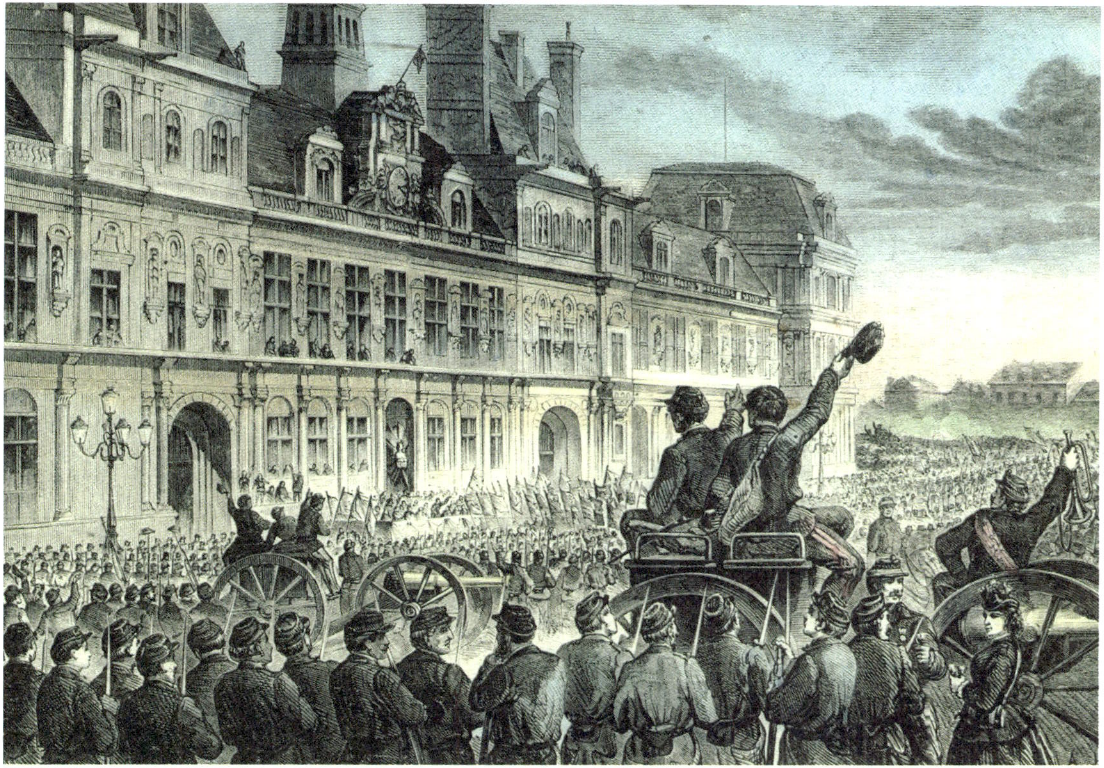

▲ 1871 年 3 月 28 日，巴黎公社在巴黎市政厅广场宣布成立

◀（法）斯坦伦作品《巴黎公社》

▼ 2021 年，纪念巴黎公社150 周年展览宣传画

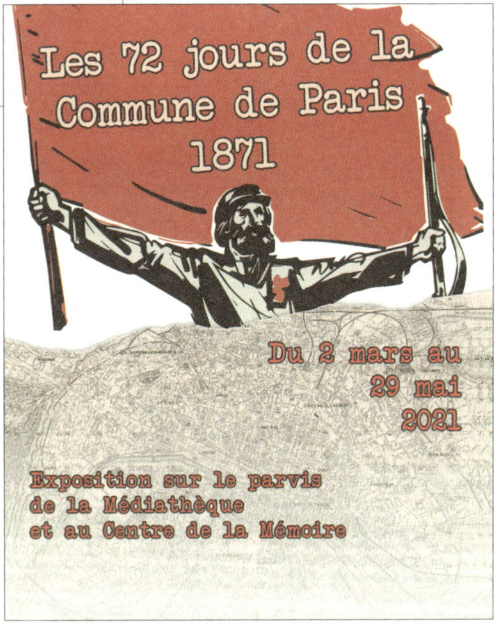

▲
巴黎公社百年（1871—1971 年）纪念币

▲ 2016 年春，沈大力教授在巴黎拉雪兹神甫公墓“公社战士墙”前，为巴黎地区公派学者、学生联谊会讲解巴黎公社历史

▼ 2016 年 5 月，中国留法学子向“公社战士墙”献花，追忆历史，缅怀先烈（新华社巴黎分社摄）

▲ 在圣心大教堂前，纪念巴黎公社 150 周年的模拟活动

▼ 维特里市市长贝劳克（中，举右手者）主持巴黎公社纪念牌揭幕仪式

▲ 2021 年，巴黎市纪念巴黎公社 150 周年展览的街头招贴画

▼ 2021 年 5 月 29 日，向“公社战士墙”献花的巴黎公众

▲ 2021 年 4 月，“给人民以地位，给公社以地位”的标语高挂在巴黎第十八区区政府门上

“冲天”儿女英雄传

巴黎公社轶事

沈大力◎著

HÉROS VIVE LA COMMUNE

中信出版集团 | 北京

图书在版编目（CIP）数据

“冲天”儿女英雄传：巴黎公社轶事 / 沈大力著
.—北京：中信出版社，2022.2
ISBN 978-7-5217-3859-9

Ⅰ.①冲… Ⅱ.①沈… Ⅲ.①巴黎公社－史料 Ⅳ.
①K565.440.6

中国版本图书馆 CIP 数据核字（2021）第 266663 号

“冲天”儿女英雄传——巴黎公社轶事

著者： 沈大力
出版发行：中信出版集团股份有限公司
（北京市朝阳区惠新东街甲 4 号富盛大厦 2 座 邮编 100029）
承印者：北京诚信伟业印刷有限公司

开本：880mm×1230mm 1/32 印张：10.75 字数：185 千字
版次：2022 年 2 月第 1 版 印次：2022 年 2 月第 1 次印刷
书号：ISBN 978–7–5217–3859–9
定价：59.00 元

目　录

尾 声

附　录

序言 “冲天”[①]的泰坦

希腊神话里说，大地母亲盖娅生的巨人族一度崛起，垒石攀登奥林匹斯山，迅猛冲击宙斯的天庭，掀起了一场撼动乾坤的斗争。结果，天帝宙斯求助于独眼巨怪库克罗普斯，用雷霆击败反抗者，将之永远镇压在西西里岛下。由于巨人怒气不息，那座海岛经常地震，埃特纳火山时时喷烟吐火。

遥想公元1871年，在由特洛伊王子帕里斯（Paris）寄籍而得名的巴黎，爆发了一场凡人“冲天”的“三月十八日运动”，随后建立了巴黎公社。一位无产者在伯利

① “冲天”源自希腊神话中泰坦巨人族冲击奥林匹斯天庭的故事。马克思称巴黎公社运动是“冲天”壮举，见其1871年4月12日致库格曼医生信。

维尔区的红色俱乐部里大声疾呼："雷霆不足惧。噢！我憎恨上帝，那一帮教会的混世魔王。我要效仿巨人泰坦，冲上云霄去手刃天主。"不幸，这一场"冲天"斗争遭到野蛮的镇压，其参加者之一茹尔·瓦莱斯，在小说《起义者》的结尾部分做了悲壮的见证："我望着天际，感到巴黎坐落在那儿。天空呈现出不调和的蓝色，聚集着浓密的红云，仿佛是浸在血泊里的特大工装。"

巴黎公社仰天倒下时，一位"冲天"斗士昂首对瓦莱斯说："公民，您瞧，我的子弹毕竟在天穹射穿了一个窟窿。"巴黎公社失败了，但她临终的吼声召唤着后来人继续冲击神圣家族所谓的"统治"，改变基于丛林法则的既有秩序，建立一个真正民主、自由、和平的新世界。

20世纪80年代，笔者有幸参加巴黎公社之友协会一年一度的"兄弟宴会"。其间，法国著名女歌唱家罗莎丽·杜布瓦演唱公社诗人让-巴蒂斯特·克莱芒的歌谣《樱桃时节》，引起整个大厅的强烈共鸣：

我永远怀恋那樱桃时节，
为逝去的年华，
心痛欲裂！

宴会结束后，法国友人玛基斯和一对年轻夫妇用轿车送我回寓所。途中，他们唱起欧仁·鲍狄埃的歌谣《公社没有覆亡》：

他们将满嘴诽谤的毒汁，
喷在公社英烈的坟地上。
吐着硝镪水的
是那些小仲马和杜岗。
尼古拉呀！
这一切都是枉费心机，
公社并没有覆亡！

前言　震撼旧世界的巴黎公社运动

巴黎公社运动是19世纪末人类历史上最伟大的社会革命运动，预示了一个新世纪革命的发端。20世纪的墨西哥革命、俄国十月革命和中国革命都从这一泓精神源泉里汲取灵感，推动全球“人民主权”的潮流滚滚向前。

19世纪末叶，欧洲工人运动日益高涨。1864年9月，马克思在伦敦主持成立了国际工人协会（简称“国际”，即第一国际），发出“全世界无产者，联合起来！”的强劲号召，后来这成为全世界无产者运动的共同口号。英国、德国、意大利和波兰等国工人纷纷加入第一国际这一争取工人阶级解放的组织，在法国的第一国际巴黎支部会员迅速发展到25万人。拿破仑三世的“第二帝国”对工人运动的发展感到惊惶，展开镇压，三度对第一国际巴黎支部的会员进行审讯和惩罚，但都未能奏效。

1870年7月，普法战争爆发。7月23日，马克思受第一国际总委员会委托起草了一份“反战宣言”。这之前，第一国际巴黎支部已发表了“告德意志兄弟书”，号召法德两国民众不给驱民于战的统治者充当炮灰。色当一役法军溃败，拿破仑三世皇帝当了普鲁士的俘虏。法兰西第二帝国崩塌，当年9月4日，法国资产阶级建立法兰西第三共和国。但普军仍长驱直入，大军压城。1871年1月18日，普鲁士国王威廉一世在法国凡尔赛宫加冕为皇帝，达到统一德国，夺得欧洲大陆霸权的目的。法国反动政客阿道夫·梯也尔主导的所谓“国防政府”推行民族投降政策，2月26日，在凡尔赛与普鲁士首相俾斯麦签订初步和约。3月，梯也尔让巴黎城防司令特罗胥出卖巴黎，阴谋霸占蒙马特尔高地泰尔特广场上国民捐献的大炮，解除民众武装。巴黎民众闻讯赶到高地，阻止这一卑劣行径，勒贡特和克莱芒·托马两个率兵将军镇压群众，被起义者枪决。冲突中，卫戍部队国民自卫军士兵倒戈，与民众联欢，占领蒙马特尔高地，开启了“三月十八日运动”。1871年3月28日，巴黎群情激昂，宣告成立“巴黎公社”。第一国际巴黎支部负责人欧仁·瓦尔兰当选为公社委员会委员，成为公社主要的活动家之一。在他的率领下，第一国际巴黎支部的众多会员作为一支工人生力军，奋不顾身投身保卫巴黎公社的战斗，许多人英勇牺牲。

巴黎蒙马特尔高地上民众捐献的大炮

在“三月十八日运动”中，国民自卫军中央委员会起了关键作用。该委员会建立于3月15日，得到了第一国际巴黎支部的支持。它意识到自己的历史责任是催生实现人民主权的巴黎公社，颁布了公社委员会选举法。3月26日，施行了有史以来的真正普选。一些劳动阶层的优秀代表纷纷当选为公社委员会委员，而脱离群众的精神贵族则得不到广大平民信任，连大诗人维克多·雨果都名落孙山。3月28日，巴黎公社在市政厅庄严宣告成立，在它存在的72天中，采取了一些足够说明巴黎公社的真正意义和目的的措施。马克思指出：“公社在铲除了常备军和警察这两支旧政府手中的物质力量以后，便急切地着手摧毁作为压迫工具的精神力量。”①巴黎公社在天主教统治的法国宣布从此“政教分离”，并对国民教育采取一系列改革措施，让人人都能接受教育。公社紧接着发表《告法兰西人民书》，保证“公民可以参与公社事务，自由发表他们的意见，维护其自身权益”，特别强调：“人民始终有权对公社各级官员进行监督和予以撤换。”巴黎公社强烈反对特权，采取一系列具体措施消除社会不平等，防止腐败，尤其不允许其公职人员领高薪、挪用公款和另有社会兼职。公社宣告将逃亡企业主的企业交给工人管理，实行工厂自治，让工人监督生产，还颁布了一系列包括缩短面包厂工人工作时间以及提供优惠住房在内的保护劳工利益的法令。与此同时，当选的公社委员古斯塔夫·勒弗朗赛在公社委员会会议上提出了“人民主权有可能被篡夺”的危险。他说：“主权在巴黎公社全体选民手中，公社只是执行者。照此原则，公社委员没有从选民那里获得这样一种

---

① 马克思：《法兰西内战》（第1版），人民出版社，1961年版。

权力，即他们可以靠之篡夺只属于后者的主权。”

可见，不仅勒弗朗赛，当时巴黎公社的思想家们早就预感到了现代西方民主通过权力委托可能产生的异变，可能形成社会特权和腐败。他们清楚地认识到，国家公职人员都应该当“社会公仆”，而非“社会的主人”。女作家塞沃丽娜见证道：“这些人曾经掌握首都、国库、银行存款、城市基金和私人保险柜。他们不仅没有要求动用任何公款，而且手头一无所剩……甚至没有给自己留下暮年抽烟的零钱！”巴黎公社出于廉耻心，没有触动法兰西银行，导致财阀们日后能够向梯也尔提供资金财力，并卷土重来，对巴黎公社社员进行了一场大屠杀。

巴黎公社宣告成立后，外省一些城市纷纷响应，马赛、里昂、纳博讷、图卢兹和圣艾蒂安等城市陆续成立了公社。梯也尔一伙仓皇逃窜至凡尔赛，意图纠集残部伺机向革命中的巴黎反扑。公社将领古斯塔夫·弗路朗斯在工人聚居的伯利维尔区组织准备向凡尔赛发起进攻，“加夫罗什”们唱起童谣《打到凡尔赛去》：

拿起武器，

打到凡尔赛去，

要把梯也尔那个矮东西
和他的狐朋狗友，
统统枪毙！

埃米尔·杜瓦尔（Emile Duval）

4月2日，工人出身的将领埃米尔·杜瓦尔率众向凡尔赛进军，因寡不敌众而失败。杜瓦尔被凡尔赛分子枪杀，古斯塔夫·弗路朗斯也遭宪兵德马莱残害，公社由此放弃了主动出击，转而全心致力于首都巴黎的和平建设。

大画家居斯塔夫·库尔贝欢呼巴黎公社的诞生，写信给母亲说："我沉浸于狂喜之中。巴黎成了一座真正的天堂！"他号召巴黎的艺术家们抖掉一切封建制度的灰尘，

“一起向旧世界告别”，参加一场民众自发的革命。4月13日，库尔贝由鲍狄埃协助，在巴黎医学院大厅召开美术家大会，起草《巴黎美术家协会章程》，由此奠定了巴黎公社的文艺纲领，给后世以启迪。

然而，欢乐转瞬即逝。梯也尔勾结俾斯麦，调动普法战争中10万多名法军战俘，于5月21日进攻首都巴黎。巴黎民众奋起抵抗，双方展开街巷激战。然而，巴黎公社方面频频更换防务领导，并存在严重军事指挥弱点。第一任军事代表克吕泽烈怠忽职守，遭到免职，继任的总指挥路易·罗塞尔是一位富有正义感的职业军官，但他却得不到公社充分信任。罗塞尔因强调战时必须统一指挥，不宜民主选举军官，被指为有“集权倾向”，犯了公社凡事必循民主程序原则的大忌，被迫辞职。文职公社委员德勒克吕兹继任并主持军务，但他根本不懂战术，何言力挽狂澜，扭转战局，于是军事局势急转直下。而此时，巴黎公社内部却因是否成立“公安委员会”而产生分歧。为应对凡尔赛威胁造成的紧急状态，以强硬的布朗基主义者为主的多数派主张建立像法国大革命时期国民公会那种权力集中的“公安委员会”，但少数派坚决拒绝公社出现新雅各宾派的专政趋势，投票反对，争论骤然激化。此时凡尔赛军已兵临城下，两派最终搁置争执，肩并肩投入最后保卫巴黎公社的浴血战斗，给后世留下了可歌可泣的篇章。

巴黎民众挖出街石，准备街垒保卫战

5月23日，国民自卫军右岸总指挥，有波兰血统的将军东布罗夫斯基在米拉街垒指挥作战，不幸牺牲。公社失去了最有才华的军事将领。5月25日，公社军务总指挥德勒克吕兹心知败局已定，悲哀无望地登上街垒，仰饮对面扫射过来的子弹自尽。5月28日，最后时刻接任军务总指挥的欧仁·瓦尔兰落入敌手，惨遭枪杀。巴黎城硝烟弥漫，一座座街垒陷落，公社社员一批批倒在血泊中，尸横遍地。同一天，凡尔赛军队攻占了整座巴黎城，最后一批公社战士被逼至首都东北角的拉雪兹神甫墓地。147名“冲天”斗士背靠夏洛纳白墙，高呼“社会革命万岁！”“公社万岁！”，英勇就义。

那一年，自5月21日至28日的一周里，凡尔赛匪帮对巴黎公社社员施行了骇人听闻的血腥屠杀和残酷镇压，史称“五月流血周”。实际上，凡尔赛匪帮不经法庭审判程序，就地处决的公社社员超过3万，监禁4万多，流放到新喀里多尼亚等地近万人，其镇压规模实为罕见。在凡尔赛匪帮凶狠武装镇压的同时，小仲马、都德等一群“凡尔赛作家”配合凡尔赛匪帮猛烈向巴黎公社“喷吐毒汁”，打前阵的是法国文坛“祖师爷”福楼拜。他在写给乔治·桑的信中恶狠狠地叫嚷：“应该把整个巴黎公社判罚终身苦役，到船上划桨，必须强迫这群嗜血的蠢货清理巴黎的废墟，把他们的脖颈锁上铁链，拉去充当囚徒。这样做似乎有违人道，但从被咬者处境出发，对这一群咬人的疯狗绝对不能心慈手软。”

欧仁·鲍狄埃在一首献给“流血周”幸存者的诗里写道：

他们镇压巴黎公社，
用霰弹和夏塞波枪，
又把红旗裹在她身上，
推进深坑里埋葬。
那伙肥猪般的屠夫
自恃豪强。
…………
凡尔赛人至少把十万群众
残杀在屠场。
可是，你瞧！屠戮了十万人
也没能够奏效。
…………
他们以为截断了公社的臂膀，
抽干了她动脉的血浆。
尼古拉呀！
这一切都是枉费心机，
公社并没有覆亡！

巴黎民众怀念巴黎公社，是年11月1日万圣节，一些扫墓者冲破笼罩劫后巴黎的白色恐怖，往“公社战士墙”

公众凭吊巴黎公社先烈

挂满了花圈的“公社战士墙”

墙脚摆花，使之成了一座天然的公社革命纪念碑。至1908年5月21日，来自法国各地的革命群众又给那座瓦墙镶嵌上了一块大理石板，其上镌刻着“献给公社的烈士（1871年5月21日至28日）”，自此，“公社墙”有了鲜明的标志。

每年5月28日，民众都会前往拉雪兹神甫公墓的“公社战士墙”前献花，1936年法国“人民阵线”形成时，追念人数竟达60万之众，场面十分壮观。每次活动中，巴黎公社的“恋人们”都唱起蒙马特尔诗人让-巴蒂斯特·克莱芒谱写的诗歌《樱桃时节》：

多么短促呀，樱桃时节！
情侣们神游梦乡，
双双把耳坠采撷……

岁岁年年，村姑们采撷樱桃当耳环配饰，以慰恋人情怀。1871年5月“流血周”时，少女们提篮给守卫街垒的公社战士分送樱桃，一起唱《樱桃时节》，这首歌遂成为“公社时节”：

我永远怀恋那樱桃时节，

为逝去的年华，
心痛欲裂！
命运女神的青睐，
也不能让我的创伤止血。

巴黎英气长存，令反动势力心惊胆战。1873年7月24日，镇压巴黎公社的刽子手麦克马洪一伙天主教强硬派以压倒多数的优势，在法兰西第三共和国国民议会上通过一项“特别法令”，诡称遵照“全民意愿”，在蒙马特尔高地上建造一座圣心大教堂，感谢上帝之子以“圣心”支持镇压巴黎公社。他粉墨登场，出席圣心大教堂的揭幕仪式，旨在把巴黎公社押在苦役船上，永世不得翻身。这之后，第三共和国严禁提及巴黎公社，史书上的记载都是直接从第二帝国跳到第三共和国，全无半点巴黎公社的印记。

为了彻底消灭巴黎公社留下的印记，巴黎市议会自1908年4月起议事，1909年7月13日至14日市议会通过决议，在甘必大街心花园辟地，竖立保尔－莫罗·沃蒂耶的雕塑《历次革命受害者纪念墙》。此墙出现在第一次世界大战种种矛盾激化的历史背景下，法国政府一方面加紧镇压工人罢工运动，另一方面以“爱国”为幌子，煽动沙文主义情绪，鼓吹法兰西全民“和解”，一致向德国复仇。莫罗·沃蒂耶雕砌的“砖墙”突兀地雕出一个象征法兰西的女性，让不同阶级的“历次革命的受害者”聚集身后，以显示整个社会的调和，并将永远抛弃革命。这一貌似革命的艺术品既表达出当权者的意向，又搪塞了巴黎人民多年来要为公社英烈立碑的愿望，表面持论公允，实为偷梁换柱。难怪巴黎市政府解囊，拨款资助，实为鱼目混珠，形成了“真假巴黎公社墙”流毒百年的谬误。

然而，真相终将大白于天下。2016年适值巴黎公社运动145周年，法国国民议会“尽历史责任”，依据法兰西《宪法》严正通过决议，“为所有遭到镇压的1871年巴黎公社社员平反”，“给那些为自由不惜被立即处死和受到不公正判决的妇女和男子以荣誉和尊严”。这项决议一经传出，巴黎各大媒体纷纷报道。左翼阵线议员让-雅克·封德里耶高度评价巴黎公社的业绩，肯定道：“巴黎劳动者奋力结束了剥削与压迫，在全新的基础上重组社会。”他赞扬巴黎公社为“法国工人运动史上最伟大的事件”，“法国历史上最悲壮的一页”。

巴黎公社的主要活动家核心系由布朗基主义者和蒲鲁东主义者组成，但第一国际巴黎支部的欧仁·瓦尔兰、赛拉叶、欧仁·鲍狄埃、符卢勃列夫斯基、东布罗夫斯基、埃米尔·杜瓦尔、潘迪、爱德、贝尔热莱、尚东、热克拉尔及查理·凯勒、爱德华·瓦扬、泽菲莱·卡梅利纳、保尔·布鲁斯、贝努瓦·马隆和该协会特派使节俄国女郎伊丽莎白·德米特里耶娃，以及崇敬卡尔·马克思的列奥·弗兰克尔等人也起到了相当重要的作用，只是一般不为人所知。事实表明，巴黎公社确是第一国际成立后，靠其在巴黎的诸多成员竭力完成的首次欧洲社会革命运动，意大利、比利时、瑞士和卢森堡等旅居法国的近千名志士仁人积极投入其中，实践了卡尔·马克思领导的这一组织发出的伟大号召："全世界无产者，联合起来！"

1921年3月，俄国喀琅施塔得成立"喀琅施塔得公社"，宣布"走巴黎公社的道路"，声称他们都是"公社社员"。现今，俄罗斯为这批水兵竖立了纪念碑，供后人怀念。1927年底，中国共产党人张太雷等领导发动广州起义，成立了苏维埃政府——广州公社，反击蒋介石、汪精卫背叛孙中山先生领导的革命。这些无疑都是1871年巴黎公社运动的反响。

1871年5月30日，在巴黎公社惨遭镇压后，马克思在伦敦国际工人协会总委员会上宣读了他撰写的《法兰西内战》，总结巴黎公社的历史经验，最后庄严宣称："工人的巴黎及其公社将永远作为新社会的光辉先驱受人敬仰。它的英烈们已永远铭记在工人阶级的伟大心坎里。那些杀害它的刽子手们已经被历史永远钉在耻辱柱上，不论他们的教士们怎样祷告也不能把他们解脱。"① 恩格斯在1891年为《法兰西内战》撰写的《导言》里，重申巴黎公社的原则："以宣布它自己所有的代表和官吏毫无例外地可以随时撤换，来保证自己有可能防范他们。"② 可见，巴黎公社的原则是真正的"人民主权"。正如马克思在《法兰西内战》里所宣称的："公社的原则是永存的。"③

① 马克思：《法兰西内战》（第1版），人民出版社，1961年版。

② 《马克思恩格斯全集》，第22卷，第226-227页，人民出版社，1963年版。

③ 《马克思恩格斯全集》，第17卷，第677页，人民出版社，1963年版。

上卷　绿碧紫英

Vive la Commune
LE MUR
Ci gît

诗豪轶闻

——《国际歌》作者欧仁·鲍狄埃

欧仁·鲍狄埃（Eugène Pottier）

欧仁·鲍狄埃（1816—1887）生于巴黎一个工人家庭，13岁开始在父亲的包装作坊里当学徒。他从小喜欢贝朗瑞等人的民众歌谣，自学诗律，常去工人聚集的“饮酒诗社”咏唱自己的作品。1830年7月，巴黎民众奋起推翻在法国复辟的波旁王朝，少年鲍狄埃在起义者进入卢浮宫时攀到高处，在枪弹的呼啸声中高唱他的革命歌谣《自由万岁》。尔后，作为一个绘制印花布图样的技工，他相继参加了1848年法国的二月革命、六月的巴黎工人起义，以及1851年12月抵抗路易·波拿巴政变的斗争。他用诗歌宣传巴贝夫和傅立叶等人的思想，鞭笞法国的资产阶级。他憎恨剥削阶级称霸的本性，手中的笔像匕首，锋芒直指欧洲“整个神圣同盟的中心——沙皇”，在声援波兰人民争取民族独立的英勇斗争中做了长期的努力。

关于《国际歌》的作者欧仁·鲍狄埃，法国1871年后的一些野史中时有提及，但还是大文豪茹尔·瓦莱斯首先从诗歌创作角度评论他。1883年11月29日，瓦莱斯在其主编的《人民呼声报》上撰写《人民诗歌》一文，详细分析了鲍狄埃的歌谣，指出他“是一个‘劳苦兄弟’，为贫穷者拓宽了视野，为人民诗歌开辟了新天地”。然而，也确如瓦莱斯在文中所说，鲍狄埃是一位“被埋没的诗人”。他因参加巴黎公社当选为公社委员，被凡尔赛军事法庭缺席判处死刑，在自己的祖国被卫道的文学史家们逐出正统诗苑。

20世纪，根据苏联学者瓦兰汀·德米特里耶夫考证，人们得知，最先介绍诗人鲍狄埃的还不是他的同胞瓦莱斯，而是车尔尼雪夫斯基的一位密友——俄国诗人米哈伊洛夫。1858年，涅克拉索夫主办的《当代人》杂志连载诗人米哈伊洛夫的《巴黎信札》，评述巴黎这座“启蒙城”里的文艺沙龙，其中一封信首次向世人推出了欧仁·鲍狄埃的咏唱诗歌。早年，米哈伊洛夫曾系统翻译过贝朗瑞的民主性歌谣。当时他旅居巴黎，在米绍迪耶尔街2号的“莫里哀旅馆”下榻，有机会参加了《哲学与宗教》杂志总编辑弗沃蒂主持的文艺沙龙。他在《巴黎信札》中写道："沙龙的来宾中，有一个人连一行诗也不曾发表过。我指的是咏唱诗人鲍狄埃。他体格魁梧，淳朴善良，声音温厚，一双黑亮的大眼睛炯炯有神。乍看上去，他不像是诗人，可他的许多歌谣非常富有诗意。我本想让诸位读者仔细欣赏他的作品，但却没有这种可能性，令人十分遗憾。不过，可以概略地说，这些诗的主题皆属于传统的法兰西歌谣。"接着，米哈伊洛夫在他的信札里将鲍狄埃的诗与雨果和纳铎的作品相比较，强调前者别具风格，虽不时包含嘲笑，但充满着对祖国的深沉爱恋。米哈伊洛夫还具体分析了鲍狄埃某日晚上吟唱的歌谣，写道：

> 我记得其中一首描写一幢住满了人的大房子，从中二层的富户居室到穷阁楼，全然一片混乱，破旧得都要倒塌了。诗人最后在叠句中疾呼："该拆毁这幢旧房子了！"

俄国诗人尤其喜欢鲍狄埃那晚咏唱的最后一首歌谣，评论道："然而，给我和所有在座听众印象最深刻的，还是题为《雅克与玛丽亚娜》的那首诗，它采用民歌风格，堪与贝朗瑞和彼埃尔·杜邦最优秀的歌谣媲美。诗中叙述雅克失去了情人玛丽亚娜，落得孑然一身。他颓丧，痛苦，徒然地等待，焦急得无法再忍耐下去，终于愤怒地呐喊：‘我要反抗……’”这句诗的魔力实在难用另一种外语来表达，特别是那无比简练的叠句：

啊！我等待她，等待她，
还要等多少时光？

诸位从雅克一启齿就可以看出，他代表的是法兰西人民，他的情人则是……

看来，有关这首诗及其作者，我的记述只能给读者诸君一个十分肤浅、极不完整的概念。我想说明的是，听了这首歌谣后，笔者还想再听一遍，听了第二遍，还想再听第三遍。我不禁问道：“这个鲍狄埃究竟是什么人？”一位女士回答：“他只是在业余时间创作歌谣，平日忙于绘制印花布图案，赖以糊口。您瞧，写诗歌却不能果腹，除非去唱靡靡之音。不过，那样诗歌也就死亡了。”

许多年后，米哈伊洛夫离开法国，返回了俄国。他因参与起草一份反对沙皇专制暴政的宣言，被长期流放到西伯利亚，惨死在一座冰窟里。令人特别感念于他的是，早在法国人自己介绍欧仁·鲍狄埃之前，这位俄国诗人已通过他的《巴黎信札》，向遥远的俄国同胞赞扬了异邦一位无名的歌谣作者，给后世留下了记载《国际歌》作者最初行踪的珍贵历史文献。

1871年春天，鲍狄埃冲破资本主义的牢笼，投入巴黎公社惊天动地的伟大斗争，去迎接人类黎明的曙光：

劳动者、诗人和画工，
我投身那火热的斗争，
为人类开辟美好的前程。

那时，鲍狄埃已是马克思和恩格斯领导的国际工人协会的会员，巴黎公社的委员，并且他和画家库尔贝等一起领导“巴黎美术家联合会”，亲自为该联合会起草了章程，为发展公社的革命文艺贡献自己的力量。

1871年5月下旬，梯也尔卷土重来，向巴黎猛扑，鲍狄埃参加了激烈的街垒战，最后退守第十一区，在那里跟瓦尔兰、费烈、德勒克吕兹等公社委员一起坚持度过了战斗的最后几天。巴黎公社淹没在血泊中，但就在凡尔赛匪帮野蛮屠杀公社社员的时候，鲍狄埃在蒙马特尔的一座残破的阁楼里，透过弥漫的硝烟，面对反动派的白色恐怖，慷慨激昂地写出了气势磅礴、震撼世界的《国际歌》。

要扫荡一切旧制度，
起来，起来，奴隶们！
社会要改变基础，
让贱民做天下的主人！

《国际歌》是献给国际工人协会的，是为了传播马克思和恩格斯创立的科学社会主义，为了总结巴黎公社革命实践而作的。这是一首号召全世界无产阶级联合起来，争取共产主义明天的响彻云霄的战歌。这首诗第五节里，鲍狄埃强烈谴责争霸的帝国主义战争。他号召被驱送战场的各国士兵掉转枪口，“齐向暴君宣战”，向那些“吃人生番”开火。后来，他又进一步指出：“征服是最丑恶的盗窃，征服者强迫一个国家的人民受他们民族的压迫，乃是最卑鄙的勒索。我希望国籍总有一天会在各族人民的公社里消失，但是，只要国籍存在，各国的独立就是不容剥夺的权利，想用武力来取消它，那是莫大的罪恶。”

鲍狄埃生前已经出版了他的《少年诗神》、《工场歌集》、《社会经济诗》、《狂人辨》、《革命歌集》、《美国工人致法国工人》和《巴黎公社》等多部作品，在当时的法国文艺界，特别是在工人群众中已经有相当声望，但他一直保持着普通劳动者的本色，总把自己比作一支“芦笛”，蔑视那“吃人妖魔喧嚣的铜锣”。他创作诗歌是为了传播真理，“撕碎那些虚伪的神祇”，而绝不指望被资产阶级奉为“文坛圣贤”，高踞于人民群众之上；他宁做“陋巷里的传单”，因为那才是一篇“伟大节日的宣言”。

鲍狄埃一生“始终缺乏面包和时间”，他是在贫困中死去的。1887年11月6日，巴黎劳动群众沉痛地把他的骨灰送往掩埋公社英烈的拉雪兹神甫墓地。送葬途中，当局派警察野蛮镇压，妄图夺取鲍狄埃终生讴歌的革命红旗。悲愤的群众同“鹰犬”展开激烈搏斗，千万人奋臂高呼“鲍狄埃万岁！”，声震整个巴黎。

尔后，每年11月万圣节，当巴黎拉雪兹神甫公墓渐渐变成一片花海时，总有人来到公墓东南角一座灰色花岗岩墓前，献上一束束红石竹。那石碑正面刻着：欧仁·鲍狄埃（1816—1887）。《国际歌》作者辞世，迄今100多年了。他殁于贫困之时，连给自己墓上立个石碑的钱都没留下。直至诗人逝去21年后，他的一些难友和穷苦工人才凑足了一笔经费，由原巴黎公社委员阿尔努设计，为他立了眼下这块纪念碑。

鲍翁的墓十分朴素，显出逝者清贫的生涯和谦逊的品格。一近墓石，瞻仰者即可看见其上平放着一册白色大理石雕成的《革命歌集》。书开启着，左页刻着“献给咏唱诗人欧仁·鲍狄埃”，右页刻着《起义者》、《穷约翰》、《蜘蛛网》、《面包的话》、《地球的死亡》和《国际歌》等6首诗歌题目，书下衬着布罗塞用青铜雕刻的一大片橡树叶，书上端放置着一朵青铜雕花。

颇有意义的是，鲍狄埃石碑落成仪式和“巴黎公社战士墙”揭幕典礼同在1906年5月24日举行，约有1.5万名群众参加。他的挚友艾里-梅·古毕尔医生、“巴黎公社老战士协会”书记纳瓦尔和社会党领导人阿列曼等相继发表了演说。

从此，鲍翁墓上有了石碑，但他的妻女和一个12岁的孙女始终在赤贫中挣扎，靠微薄的公共救济金度日。鲍翁十分珍惜自己的诗作。1883年，巴黎“咏唱诗社”举办诗歌竞赛，有300多位诗人参加。鲍狄埃拄杖前去，荣获了头奖。鉴于他家境拮据，“咏唱诗社”提出两个奖励方案供他选择：或由诗社组织募捐，解决鲍狄埃的生活困难；或由诗社资助，出版他的诗集。

“出版我的诗集吧！”鲍翁激动地对前来商谈的诗人纳铎说，“我饿死也无所谓。”于是，纳铎筹款出版了鲍狄埃的第一部重要诗集《谁是狂人？》。纳铎是已在诗坛树帜的右翼诗人，早在1848年就见过鲍狄埃。当时，鲍翁在“饮酒诗社”咏唱自己的作品《歌谣的宣传》，纳铎叹羡咏唱者那股激情、那种才华，急忙探问坐在一旁的文坛诗圣彼埃尔·杜邦有何感想。“这是个超过咱俩的人！”杜邦心悦诚服地回答。

这里安息着“鲍鲍”，
诗翁“鲍鲍”。
这里安息着“鲍鲍”。
诗人鲍老。

鲍狄埃却把自己比喻成一支乡野村民的“芦笛”：

我愿赴那光荣的盛宴，
不顾豪强的鄙夷。

谁送我去聚拢游人，
在那热闹的市集？
我将为欢乐的歌舞，
奏出活泼的旋律。
我是一支芦笛！
芦笛呦，芦笛！
我是一支芦笛，
笛！笛！

今天，尽管《国际歌》已誉满全球，尽管《革命歌集》中的诗篇意象超越、音韵激昂，可与雨果的诗相颉颃，但它们的作者却因持不同政见而为统治者所嫌恶，为御用文人所不容，被打进了“文学炼狱”。笔者曾在巴黎寻访鲍狄埃故居，走到夏贝勒林荫道附近的夏特尔街2号，唯见那寓所墙上镶着遭纳粹杀害的两位抵抗运动烈士的纪念牌，竟没有鲍氏一点踪迹。

“请问，这里是欧仁·鲍狄埃的故居吗？”我诧异地问女门房。

孰料，那位老妇竟茫然不知。我本想再问下去，但见那副憨态，就欲言而止了。事后，我久久寻思，殊觉不然。在巴黎街巷，在工人、学生的游行队伍中，在《人道报》节，在拉雪兹公墓“公社战士墙”前，在鲍翁的石墓旁，我都听人唱过《国际歌》。在世界各个地方，有许许多多人知道《国际歌》。实际上，鲍狄埃的名字已羽化成了一支歌。正如列宁所指出的，欧仁·鲍狄埃在自己的身后，留下了一个非人工所能建造的丰碑。

100多年来，《国际歌》是革命者投入战斗、走向刑场时昂首高唱的歌，它更是今天给那些在“信仰危机”中苦闷彷徨者以希望、勇气的歌。社会在发展，时代在进步，历史终将证明，正是这支歌预言了人类的明天。

欧仁·鲍狄埃于1871年6月写下《国际歌》，全诗如下：

国际歌

献给巴黎公社委员古斯塔夫·勒弗朗赛公民[1]

起来！人间地狱[2]的囚徒！
起来！饥饿的苦力们！
理性在火山口轰鸣，
终于爆发冲天的雷霆。

要扫荡一切旧制度，
起来，起来，奴隶们！
世界要改变基础，
让贱民[3]做天下的主人！

这是最后的斗争，
团结起来，到明天，
“国际”[4]的理想
人类一定要实现！

从来没有什么救世主，
莫信上帝、圣皇、护民官。[5]
无产者，我们要自己救自己，
颁布人类解放的宣言！
为使盗贼吐出他们侵吞的财产，
为让精神冲破地牢的黑暗，
我们要自己掌炉鼓风，
趁热打铁不离砧！

这是最后的斗争，

团结起来，到明天，
“国际”的理想
人类一定要实现！

国家压迫，法律欺诈，
苛税把不幸者的血浆吮咂，
富翁无须承担任何义务，
穷人的权利成了一句空话。
我们在监护下受够了痛苦，
平等要新的法度来把她维护，
她高呼：“‘没有无义务的权利’，
同样，‘也没有无权利的义务’！”[6]

这是最后的斗争，
团结起来，到明天，
“国际”的理想
人类一定要实现！

那些矿山和铁路大王，
穷奢极欲暴露丑相。

他们难道不是别无所事，
专门施展盘剥劳动者的伎俩？
劳动创造的财富都熔成金锭，
装进盗匪的保险箱；
而今人民决意彻底追赃，
物归原主，理所应当！

这是最后的斗争，
团结起来，到明天，
“国际”的理想
人类一定要实现！

帝王用硝烟来迷惑我们，[7]
但人民之间要和平，
齐向暴君宣战！
让我们拒绝为他们冲杀，
干脆枪托朝天[8]，队伍解散！
如果这伙吃人生番，
硬逼着我们充当英雄好汉，
他们不久就将知道，

士兵的枪口也会向将军掉转。

这是最后的斗争，
团结起来，到明天，
“国际”的理想
人类一定要实现！

工人们，农民们，
我们是劳动者的大军，
地球只属于勤奋的人[9]，
绝不容寄生虫安身。
多少乌鸦和秃鹫[10]，
啄食着我们的血肉！
一旦把它们消灭干净，
光辉的太阳照耀千秋！

这是最后的斗争，
团结起来，到明天，
“国际”的理想
人类一定要实现！

注释：

[1]古斯塔夫·勒弗朗赛（1826—1902），巴黎公社主要领导人，“流血周”中在巴士底广场区参加街垒战斗，失败后流亡瑞士。

[2]本诗一开始就呈现19世纪欧美产业劳动的悲惨景象：工人在灼热的冶炉旁日夜挣扎，如同在地狱烈火中忍受煎熬。

[3]法国1848年革命时，资产阶级诬蔑无产者是“贱民”，劳动者因而自称“贱民”，作为一种自豪的反抗。后有咏唱诗人布维埃的《贱民之歌》，在巴黎公社的革命群众中颇为流行。

[4]“国际”是国际工人协会的简称。

[5]鲍狄埃在此列出三类“救世主”：上帝、圣皇、护民官。“护民官”系沿用罗马旧官名，指那种自称“代表民众”，声言“拯救社会”的政客。

[6]选自《国际工人协会章程》。

[7]这里指各国统治者为争霸世界，对士兵进行思想麻醉，如采用授勋等，诱惑他们去当炮灰。

[8]“枪托朝天”（mettre la crosse en l’air），指士兵罢战的举动。

[9]“勤奋的人”（l’homme），欧洲人文主义的概念，跟“有闲者”（l’oisif）相对而言。

[10]法兰西文学艺术作品中习惯采用“乌鸦和秃鹫”啄食人肉的形象来暗喻剥削者的贪婪暴戾。

谦卑的紫罗兰

——巴黎公社诗人古斯塔夫·玛罗佗

古斯塔夫·玛罗佗（Gustave Maroteau）

苔藓中不久会开放紫罗兰，
飘逸爽心的清香；
未来的种子在田野抽出绿芽，
让我们把新世界瞻望！

鬓发苍白的夏绿蒂把用紫罗兰扎成的花圈放到被常春藤覆盖的“公社战士墙”前，朗诵着花圈红绸飘带上这几行娟秀的金字。刚满10岁的女儿安娜天真地问：

“妈妈，你为什么每年3月18日总是献紫罗兰呢？”

“这是你外祖母丽莎的遗嘱。”

夏绿蒂看到女儿探求的目光，拉她在如茵的草坪上坐下，开始叙述这紫罗兰的来历。

那是1871年的初春，丽莎跟好友苏珊娜在布洛涅森林的湖畔约会。

“丽莎，瞧呀！紫罗兰！”苏珊娜指着草地兴奋地喊道，“一位诗人称这野花为‘谦逊的象征’。”说着，她打开手中的《花间集》诗集给丽莎看。

丽莎很感兴趣，跟好友一起细读其中的诗——《紫罗兰》。

……我名分微贱，
散发一缕幽香，
甘为绿草的侍女，
让大自然欢畅。

丽莎重复着最后几句，钦佩地赞叹：“多崇高的意向！”

“文如其人，”苏珊娜介绍道，“听说这个诗人今年才20岁，眉清目秀，腼腆得像个姑娘，你要是有缘遇到他，肯定会一见倾心的！”

苏珊娜本是无心开句玩笑，没料到丽莎真有些痴心，于是说：

“你要是喜欢，就把这诗集留着吧。”

丽莎如获至宝，跟好友分开后，又重读那首《紫罗兰》：

小姑娘把我采撷

拿在漂亮的手上……

读着，她自己仿佛变成了采花姑娘，从艳葩鲜明的色泽中透视出宇宙春天的美丽和人类生活的愿望……

不久，巴黎民众奋起赶走奸雄梯也尔，10万人在市政厅广场欢呼“巴黎公社”成立。整个广场，但见人潮汹涌，国民自卫军营队里红旗招展，战士的步枪上飘动着红绸饰结，各位营代表都佩戴红色袖章，广场上一片片鲜红。轰！轰！轰！礼炮震响。一个公社战士激昂地说：“这是向旧世界轰击！我们要乘胜进军凡尔赛！”接着，他大声念着刚复刊的《城郊报》：

“20年来，那群乌鸦啄食着我们的血肉。我们一直忍受屈辱和困苦，进行战斗，今天终于获得了胜利。我们是公理的代表……”

“说得对！”众人齐声拥护。

投入街垒战的巴黎民众

“这真道出了我们的心声！”在贫困工人家庭中长大的丽莎心想。她好奇地凑上前去看文章作者的署名，为之一惊，原来就是那位紫罗兰诗人。从这时起，在公众俱乐部大型集会时，在欢送“自由骑士”出征凡尔赛的人群里，在杜伊勒里宫的音乐会上，丽莎都在目寻她梦寐以求的诗人。但当这热烈的少女真的遇到他时，已经是5月24日，公社进入悲壮的“流血周”了。

当时，凡尔赛匪帮从圣克鲁门闯进巴黎，用大炮疯狂轰击国民自卫军阵地。最后的斗争开始了，巴黎市中心在一片大火中燃烧。当丽莎从伏尔泰广场经过，看到街垒后面正紧张地印刷《山岳报》时，立刻奔去帮忙。在不停叠纸的过程中，丽莎注意到那上面印的是该报主编写的一篇战斗号召，落款的竟又是那个她向往的诗人。于是，她大胆地向在旁边低首审稿的一位青年探问起《山岳报》的主编来。

“那是一朵紫罗兰，”那青年慢慢抬起头来，颇为风趣地说，“姑娘，您闲暇去布洛涅森林踏青时注意看看，野地里多得很哩！”

这一回答的寓意使丽莎立刻会意到说话人的身份，不禁面颊绯红，心怦怦直跳。“简直跟苏姗娜形容的一样，”丽莎兴奋地想，“眉清目秀，英气勃勃。”

战火蔓延过来。她看见《山岳报》主编迅速分发了刚印出的报纸，自己也拿起步枪加入战斗营队。丽莎不由得恨自己刚才那样忸怩，没敢跟那诗人多攀谈几句。她一阵伤感，凝望着心上人消失在弥漫的硝烟里……

据说，那营公社战士在中途被敌军截散，从一座街垒退守到另一座街垒，直至最后被霰弹和夏塞波枪围困在拉雪兹神甫墓地东南角的一座墙下，高呼“公社万岁！”后全部壮烈牺牲。漆黑的夜，街上不断传来枪声。丽莎的父亲在国民自卫军第172营，从“流血周”一开始就不曾回过家，她和母亲在绝望中时刻注意着家门口的动静。忽然，有人轻敲了几下窗户，立即闪进来一个受伤的人。丽莎定睛一看，来者不是父亲，而是那个《山岳报》主编！他伤在左臂。母女俩赶紧给他包扎伤口，扶到床上，等几个凡尔赛匪徒冲进屋来时，他已盖上干净的被单。

“床上躺的是什么人？”一个匪徒气势汹汹地问。

“是我儿子！”母亲从容地回答。

“我哥哥正处在肺病开放期，病得很重，折腾一晚刚睡着。”丽莎附和母亲。

那青年确有肺病，从苍白的脸色就可以看出几分，匪徒生怕被传染，匆匆出门离去。丽莎母女对《山岳报》主编照料备至，他的伤口很快就愈合了。但是，他肺病日重，咳嗽得厉害，仍得卧床。这样，丽莎一有空就过来，坐在床边守护，同他攀谈，有时直至深夜。青年人对丽莎说：

“资产者在1789年推翻了封建贵族，但他们依靠资本成为社会新的统治者，平等成了一句空话。‘三月十八日运动’是劳动对资本的胜利。现在，公社被野蛮的武装暴力镇压了，但是劳动与懒惰、进步与愚昧的矛盾是永远也调和不了的，公社还会崛起，迎接新时代的曙光。”

这些思想给人多么深刻的启迪啊！在夜深人静时，丽莎往往听得出神了，她崇仰公社革命者的理想，同时也深深爱上了那个心灵和相貌一样美、一样有魅力的青年。不幸，青年终究被一个神甫认出，被押解到凡尔赛的桔园监狱。其实，那个神甫并不知道这青年参加过保卫公社的巷战。他揭发所依据的是当年4月24日《山岳报》上登载的一封《致巴黎大主教公开信》。信中宣称："1871年的革命是无神论的，别再对我们侈谈什么上帝！这头妖怪吓不住人了。这么久以来，它不过是个掠夺和屠戮的借口！"

这样空前猛烈地攻击"神圣的上帝"，当然为靠神祇维系的社会秩序所不容，凡尔赛第三军事法庭判处他死刑。丽莎得知消息后，不顾一切赶到凡尔赛探监，安慰对方："您的辩护律师彼葛先生发起了一场拯救您的运动，得到了维克多·雨果的响应。这位大诗人给彼葛律师写了一封公开信，登在《召唤报》上。"姑娘说着取出报纸念信：

"先生，您为一个青年辩护，他在17岁时成为诗人，20岁爱国当兵，曾在阴郁的1871年春天高烧谵语，笔录噩梦。而今，如果公众不干预的话，他会在几乎还没有来得及体验生活时就被枪杀……"

"雨果一向富有怜悯心……"对方不等丽莎念完就严肃地打断她说，"可是他这样的精神贵族很难理解无产者的社会革命，我不需要他的慈善，更不能接受刽子手的赦免。

丽莎，您知道，我患肺病，有些文章确实是在发烧时写的，但我自信，那不是噩梦。我在《山岳报》的创刊词中表示过自己终生的信念：传播真理，需要时将为之献出生命。”

对他这种不妥协的态度，丽莎又敬佩又焦急，说：“您曾说过梯也尔是金融资产阶级腐朽的象征，凡尔赛分子只能猖狂一时。所以，您应该配合彼葛律师发起的运动，迫使法庭改判，保存生命，今后继续斗争！况且……我多么希望您活下去啊！”

青年似乎被这番话打动，开始隔着铁栏审视丽莎。他一向在女性面前感觉拘束，在养伤的那几天也不曾敢仔细打量整日照顾他的少女。现在两人这样近地面面相对，使他突然感到这姑娘不但心地纯洁善良，而且长得这般秀美！啊，热望他活下去的原是这样一位可爱的少女！

“您是一位高尚的姑娘，敢来监狱探视一个死囚，”他控制自己的激动，“不过，这样很危险，快回家去。祝您幸福！”

“幸福？……可您难道……还没有明白……”丽莎话到嘴边时哽咽起来。

会见时间结束了，丽莎匆匆请诗人在她带来的《花间集》上签名留念，最后深情又绝望地看了他一眼，挥泪而去。

两年之后，丽莎的父亲从萨多利集中营被流放到新喀里多尼亚岛，她坚决要随同前往。是什么原因促使这姑娘把流放生活的艰苦置之度外呢？当然，年迈的父亲需要人照料，但是，女儿心底显然还有个隐秘的愿望。在登上监狱船驶往太平洋的前夜，父亲曾听见她在梦中疾呼："我死也要跟他到天涯海角！"来到新喀里多尼亚后，老人又几度听到女儿在梦中低语："这里气候温和，他的肺病应该会好起来。"凭经验，父亲知道女儿是在恋爱了。可"他"又是谁呢？一个流放者？还患着肺病？老人注意到女儿经常独自坐在海岸高坡的一块浅玫瑰色巨岩上，久久凝望对面的奴岛。老人现在似乎明白女儿心愿的归宿了，所以在得知被关在奴岛上的强制劳动犯第二天要集体来大地岛服役时，立刻找到手捧《花间集》的女儿，一面观察着她的反应一面说："丽莎，听说对面的伙伴们明天要来这边服役呢。"

"是吗？那他也会来喽！"丽莎喊起来，眼里燃烧起希望的烈焰。在父亲略带责备的口吻探问"他是谁"后，姑娘大胆地在父亲面前出示《花间集》作者的签名：古斯塔夫·玛罗佗。

事实上，玛罗佗没有死，凡尔赛军事法庭最后判他终身服苦役，将他放逐到新喀里多尼亚。胜利的凡尔赛分子这样向雨果等知名人士的人道呼吁做出表面让步，也是因为他们看到玛罗佗病重，难免死于漫长的旅程。这一切，丽莎都是知道的。她听到父亲传来的消息后，夜里在吊床上辗转反侧，不能入睡，天一亮就奔去看奴岛过来的难友。但是，她目光扫遍了所有人，却不见玛罗佗。

“难道他病逝了吗？”姑娘急切地朝着苏姗娜的未婚夫埃米尔·沃尔坦走去。

“你好，埃米尔，”丽莎问正在搬运石块的青年，“怎么没见你的朋友玛罗佗公民？”

“他病得厉害，已经卧床不起了。”

“少在那儿啰唆，快干活！”监工手持皮鞭，恶狠狠地朝他们嚷叫。

丽莎低声约埃米尔傍晚下工时来她茅屋一趟。

“玛罗佗公民的肺病怎么会一下子严重到这种程度？”丽莎等沃尔坦在屋里坐定后问道，“他在牢里没得到治疗吗？”

“典狱长怕他在宣判前死去，曾经派过医生，但后来的待遇简直到了惨无人道的地步。”沃尔坦声音低沉地回述了玛罗佗受难般的历程。

1872年2月5日，玛罗佗跟沃尔坦等一行被宪兵推上一辆囚车，从凡尔赛被押至巴黎的里昂火车站。上了火车，玛罗佗被单独关进一间狭窄到他只能直立、无法躺下的囚禁室，站了两天一夜。到达马赛时，他双腿肿得无法行走，被抬进了土伦监狱。下监牢前，看守长又命令给他戴上脚镣。玛罗佗被两个狱卒按倒在一条长凳上，把腿伸进虎钳。他看着踝骨下被焊上的粗铁箍竟泰然自若，甚至逗起他的同伴来："没什么，这不过是变变花样。"玛罗佗就是这样蔑视这伙吃人恶魔的暴虐。

"他现在躺在哪儿呢？有人给看病吗？"丽莎听得坐不住了。

"已经被送到奴岛苦役营医疗站去了。看护他的医生倒是个好心肠的人，救死扶伤，不抱政治偏见。"

"医生认为病人还有康复的希望吗？"丽莎哽咽着问。

"对晚期肺结核病，医生也实在无能为力。昨天他告诉我，玛罗佗公民完全是在靠意志支撑，已经很难活过这个月了……"

这话像晴天霹雳，丽莎再也控制不住悲伤，失声痛哭起来。天哪！为什么总是善良人在华年夭折？世界为什么冷酷到要在这无边的苦海中夺走人心底唯一的希望、最后一线光明呢？丽莎姑娘泣血把一封信交给要离去的沃尔坦，因为在对面的奴岛上，她思恋的青年已经在吐血。

玛罗佗病情恶化得比人们所预料的还要急剧。因此，苦役营当局不得不免除沃尔坦的劳役，让他来守护病人。虽然已到咳血的地步，玛罗佗的心情依然豁朗。他吃力地撑起身子，眺望远处的海滩说：

“埃米尔，你瞧！那群燕子飞来飞去多自由啊！蔚蓝的天空，潮水在礁石上激溅起雪白的浪花，椰子树在微风中轻摆，像少女婆娑起舞。生活本该是多么美好啊！”

“是的，古斯塔夫。不过，你还得躺下，否则咳得会更厉害的。”沃尔坦劝阻他。

“我多么想起来，在这美丽的大自然里散散步啊！”

玛罗佗说着，又凝眸海岸，忽见潮水中似乎闪现出一位少女的倩影，犹如人鱼在波浪里浮动。噢，那不是含情脉脉的丽莎吗？瞬间，这美丽的幻象激起受病魔摧残的青年对幸福的渴念和强烈的对生命之爱。他多想乘舟到对面的大地岛，去跟那期待他的纯洁姑娘会面啊！

几小时后，当医生来诊视病人时，玛罗佗问道：

“医生，我现在是到生命尽头了吗？”

“是的，到尽头了。”医生稍稍犹豫了一下，然后肯定地回答。

“谢谢您的坦率。我会怎样死呢？”

“可能在昏厥中死去。”

“什么时候？”

“可能今天，可能明天。您要是有遗嘱，赶快写吧！”

病人没有再出声。突然，他目光闪亮，神态超逸，像是回忆起自己那过去了的最欢乐的日子。是啊，玛罗伦眼前又展现出巴黎民众夺回蒙马特尔大炮后的鲁东街。他突然从床上挣扎起来，说：

“医生，今天是3月15日，再过几天就是3月18日了。难道现代医学都无法让我再熬一阵，活到我那光辉的生辰吗？”

年轻医生深受感动，紧紧握住病人的手说：

“我去给你找一种有效的药来。”言毕，潸然泪下。

公社著名活动家都聚集在玛罗伦床前，紧张地注视着他。但玛罗伦仍然微笑着说：

“你们不要这样愁容满面。我能为公社鞠躬尽瘁，是莫大的幸福。”

突然一阵猛咳，他又昏厥过去。等他再醒过来，立刻轻声召唤沃尔坦：

“我要给母亲留几句话，你替我写下来。”

一片沉寂中，玛罗佗时断时续地慢慢口述：

亲爱的妈妈：

我就要死了。在这弥留之际，我满怀着对你深沉的爱，跟你告别。我很小的时候，你把我放在摇篮里摇着。那时候，你何曾想到有朝一日，我会在离你六千法里[①]之遥的荒岛上死去，况且是这样在苦役营的一张破床上。我虽然要离开人世了，但坚信自由的事业必定胜利，而且我的缪斯，我那老迈的、头发已经灰白的诗神会活下去，为死者伸张正义，呼唤复仇。这样，我的心中感到了慰藉……

玛罗佗接笔签字，又缄默一会儿，然后喃喃自语：

“可怜的妈妈，我的死讯会给你致命的打击。”说着，泪花从他消瘦的面庞上滴落下来。当然，在这最后的时

① 1法里约合4公里。

刻，他还想到那个追他到这流放地，写信大胆向他表露爱情，此刻又正在大地岛为他焦急的姑娘。啊，在他死后，当丽莎收到那封复信，心里会留下多么深的伤痕！

“死无所谓！”玛罗佗心里跟他在世界上的另一个亲人暗暗告别后，坚强地说，“不过，与其躺在这床上死去，不如站在萨多利刑场的木桩前面，挺起胸膛死！”

他竭力活跃气氛，难友们凝神静听着病人这断断续续的低语，“喏，我的遗嘱很简短。我死之后，烟斗赠给昂贝尔，笔记本送给沃尔坦，欠债留给共和国……”

翌日，玛罗佗咳得更厉害了，一次又一次昏厥。午夜时分，他真感到生命正从自己身上消失。突然，他仿佛又看到“流血周”里燃烧着的杜伊勒里宫，听到旁边一位挺举红旗的少女山泉般清脆的歌声：

旧世界轰然坍塌，
冲锋的是美丽的姑娘呀！

他见少女轻轻拂了一下散乱的长发，继续高歌：

眼下还有座座巴士底狱，

要把这社会的旧秩序
彻底冲垮！
冲锋的是美丽的姑娘呀！

玛罗伦回忆起他昔日战斗的场景，汲取了巨大力量，终于在座钟的嘀嗒声中，一分一秒地熬过了子夜。

“啊！太阳就要升起，我的光辉的生辰来临了！”

玛罗伧仰首东方，突然停止了呼吸。但是，死者那闪耀光芒的双目久久不瞑，仿佛冲破黎明前的黑暗，看见了人民大众重获胜利的伟大节日……一轮惨月，两岸悲凉。当夜，只见大地岛那嶙峋的峭岩上站满一群流放者。其中一位少女悲痛欲绝，依靠在她左侧一个银发老翁身上。众人含泪忍悲，为对岸死去的公社英烈玛罗伧默哀。

不觉到了深秋。一夕，丽莎依约去海滩，会见又来大地岛搬石块的沃尔坦。

“埃米尔，我托你带的那封信……”

沃尔坦没有回答，默默地递给她一封折叠的函件。她两手颤抖着打开来看：

丽莎女公民：

您不留恋巴黎艺苑的玫瑰，千里迢迢来到这荒岛陪伴野花，我深为感动。还记得吗，我们初次相逢是在伏尔泰广场的街垒。那时，我无意识地回避了一位天真少女的问题。不过，您今天会看到，我的生命确如野地的紫罗兰一样，春去即谢，只求在开放时给大地添上一分美色。因此，尽管我也热烈地爱着您，渴望您的爱情，但我更恳求您，千万别把自己的终身寄托给一个不久于人世的囚徒，而要把青春的热望倾注于未来。您肯定相信，现存的这个基于私有制的等级社会终究要覆亡。一个平等、自由的新世界一定会诞生！到那时候，如果我这卑微的紫罗兰能再度开放，我愿为您祝福，点缀新娘的嫁衣。永别了，丽莎！原谅我过去在爱情上的胆怯。现在，您得宽恕我的冒昧了，因为我没有得到您的允许，就在这纸上吻了您的名字。

古斯塔夫·玛罗佗

1875年3月10日

丽莎久久停顿，泪水扑簌簌滚落在信纸上……许久，她才感悟到这封信给她的不应是绝望和痛苦，而是为未来活下去的勇气和力量。她曾听人说玛罗佗的母亲还在世，于是问沃尔坦：

“你们有玛罗佗公民母亲的消息吗？”

“古斯塔夫病故后，我和昂贝尔等4个人给她去了封信，”沃尔坦从口袋里掏出一张纸片说，“这是刚收到的回信。”

亲爱的孩子们：

我难以表达收到你们来信所感到的激动。这封信中的语言出自你们对我爱子的友谊，让人觉得那么亲切！我一时觉得他在你们身上复活了。是啊，你们都是我的孩子。一个母亲开阔的胸怀能够全部容纳这些情意。你们曾经代表我接受我儿子的亲吻，我要活着等待你们向我转达，作为对他亲切的怀恋。我等着你们来给我合上眼睑。你们的归来定将迎合我的期望。

孩子们，勇敢些！

你们的亲属都是我的朋友。他们的友谊和温存使我忘记自己的孤独。我愁闷的时候，总是去他们那里振作精神，探听你们4个人的消息。于是我感到自己还有一些孩子可以疼爱。你们的家庭已经变成了我的家庭，我在其中有一份幸福。

再见了，我亲爱的孩子们，让我以一个老母亲的全部慈爱来拥抱你们。

千万遍亲吻我的爱子。

丽莎一面拭泪，一面读着信，仿佛已经投入那位慈母温暖的怀抱……

“妈妈，后来呢？”小安娜问母亲，水汪汪的眼睛里闪着泪光。

“1880年‘大赦’时，丽莎回到巴黎。她住到玛罗佗母亲家里，跟老人在穷困中相依为命。她们最大的幸福就是，每年3月18日都到这座‘公社战士墙’来献一次紫罗兰。丽莎忠于玛罗佗的爱情，终身未嫁，到晚年收养了一个孤女。”

“啊，妈妈你……我明白了！”

夏绿蒂又领女儿回到公社墙前，指着花圈说：

“安娜，你要牢牢记住，正像你外祖母丽莎热爱的诗人玛罗佗生前所自喻的那样，这朵朵紫罗兰象征的是公社英烈谦逊的人格——社会公仆。”

昙花梦

——俄国奇女子伊丽莎白·德米特里耶娃

伊丽莎白·德米特里耶娃（Elizabeth Dmitrieff）

昔人云：凡山川精灵所郁秀气，莫不磅礴于云雾激荡之时，破寰宇岑寂，灿人心花；然其慧光瞬息泯灭，化归子虚，空留渺渺幻影，无尽幽恨，动人几多感慨。

1871年春分，泰西花都萌动，庶民欢呼巴黎公社诞生。是时，一位俄国女郎莅临。她风姿冉冉，衣香盈路，见者几疑维纳斯下凡，无不羡叹："何方佳丽来此炫示！"旬日内，这位不速之客组织成立"巴黎妇女同盟"，发遏云奇响：巴黎公社是人民主权的政府。日后，卡尔·马克思撰写《法兰西内战》，正采纳兹论，有文献佐证。

回首当年"五月流血周"最危时刻，人们见那俄国奇女奋战在圣安东尼郊区街垒，跑去搀扶臂膀被子弹洞穿的公社委员弗兰克尔，两人衣衫被鲜血浸透……顷时，烈焰烘天，她自己也中弹不支，负痛仆地……恰在凡尔赛军事法庭宣告判处那斯拉夫女子终身服苦役之时，一位与她容貌酷肖的窈窕少妇在北国圣彼得堡冬宫舞会上香泽而来，风采焕映。灯光璀璨之下，宫廷妙音靡曼，骑士与名媛联袂而至，宛若行星经天。舞歇，嘉宾们向袒臂酥凝、云裳拖地的新到贵妇传递一份当天的《每日之声报》，上面大字醒目地登载着：一位轻率的俄国女子参与了巴黎公社……那惹眼的淑女悠然寓目，莞尔一笑，超然凌霄。她既不称是，亦不称非，独有察及毫芒者能窥见伊面颊微泛红潮，领会其心迹于表象之外。

这段异事犹如飞烟，过而无痕，然诸多史籍载录下彼姝芳名：伊丽莎白·德米特里耶娃。百年以来，其名史不绝于书，然画影无形，系风无迹。凡欲为之立传者，皆殆莫知情，乃至笔路荒芜，难以详述这神秘女郎的身世。1952年，《苏联大百科全书》将之据为荣显，但对其去踪仅寥寥数语："伊丽莎白·德米特里耶娃在西伯利亚故世，卒年不详。"

细观之，此言违实，读者不禁会问：德氏曾誉灿云汉，为何以荒寒的西伯利亚为归宿呢？不少人悉心寻究，难达其微。直至1965年，苏联历史学家柯尼日尼克·维特洛夫经五十载溯源，方才水穷云起：德米特里耶娃死于1918年。这一日期所引起的震动，自不难想见。其时，调查者浩叹："斯人一生最大的悲剧在于，作为一个革命者，她最终没有获得承认。"数十年细读残编剩简，搜索其隐奥，难道只为宣布一个如此简略又如此含蓄的结论？显然苏联学者有难言的苦衷，即在他们的祖国，史册不习惯美恶悉载。为了一种至高无上的国家利益，人们长期只愿传播可钦可慕的圣迹，而不愿意，或者任何人都不得透漏可骇可愕的现实。非如此，秉笔立言者则难免野鹤之厄。

而今，有关的知情人皆不在世了，履危蹈险的维特洛夫也已物故。美人黄土，紫微红尘，再倩谁持素函，去拨发这看来碍眼、经典不传的玄秘？凭谁人来分皂白，着意评说彼岸的方外稗史，那多少人欲吐难言的篇章？福哉！马利亚。

1991年3月下旬，巴黎

已近午夜，蒙马特尔大街仍然灯火流艳，飞焰摩天。游人涌流，喧嚣杂沓，或挤进"黄油盘餐馆"，或意乱于马克斯韦尔影院新片《荡女》的冶色祖照之前，或觅蕊寻花，沉湎酣红梦绿雾绛之娱。街的僻角，一位金发纷纶的绮龄女郎在霓虹闪闪的采香径上娉婷玉立，媚眼流波，点缀着粉黛渊薮；其对面，另一从“奴隶海岸”舶来的加纳“黑牡丹”浓妆艳抹，在陬隅暗影中向人献笑呈谀，无望空候，比之阿姆斯特丹“水族馆”皓体毕裎的鲛人，自然风骚稍逊一筹。

“尘尘刹刹！”塔玛莎俯伏在我的阁楼窗口，对那鳞次栉比的醉仙楼、风月窟、迷香洞、销金窟感慨，“先贤枉然自奋，而今世道返古，秩序依旧。”

“您去过‘丽都’和‘红磨坊’吗？”我问客人。

“没有，”塔玛莎回答，“我的女伴儿法吉玛去了。她对这红尘滚滚感兴趣极啦！什么‘拉丁天堂’‘香榭丽舍’‘蓝铃女’呀，这不夜城的一切令她目乱神迷，觉得世界确有实在乐处。”

“这儿是极乐西方，无奇不见，”我颇有感触地说，“人一住长，就全知道了。什么同性恋婚礼，男士脱衣舞，爱犬时装表演……”

“西方人有闲开心呗！”塔玛莎喟叹，“可我们……”

很明显，苏联人此时没有那种闲心逸致。近日，我屡见一苏联青年在巴黎地铁拉手风琴，颓唐地靠一曲《山楂树》乞怜。眼下，莫斯科姑娘塔玛莎秉志幽芳，在自己祖国筹备召开巴黎公社国际讨论会。她栉风沐雨来法国跟巴黎公社之友协会联系，在该组织刚举行的“兄弟宴会”上与我纳交。

谚云：人之相知，贵相知心。我们二人一见如故，开门见山，一下就触到我累年悬系于怀的德米特里耶娃之谜。

“瞧！从这儿可以瞥见布朗什广场，”塔玛莎眺望北边蒙马特尔高地下的阑珊灯火，说，“在那里，德米特里耶娃曾同路易丝·米歇尔、娜塔丽·勒麦尔一起守卫勒毕克街垒。”

“路易·巴隆曾目睹那场面，写了回忆录《红旗下》，”我接茬儿道，“巴隆称德米特里耶娃为俄国公主，此说看来没什么根据。”

“当时，她芙蓉出水，在巴黎人海骤现，众人皆莫测其由来。”塔玛莎似乎想起什么，从手提包里掏出一纸请柬，“您5月来莫斯科参加巴黎公社国际讨论会吧，然后咱们一起去德米特里耶娃的家乡，在普斯科夫地区的沃洛克村。她的故居现在已开放了。”

晨曦在望，眼下还是黑夜。我把塔玛莎送下电梯，在公寓门口匆匆握别时，夜空一颗流星化为一道寒光。塔玛莎见此，仰天吁叹：“流星是天宇的昙花，黑暗中迅燃片刻，天一亮就杳不复知去向了。”是啊！大凡世间佳丽，俱是天花异卉，光彩绰约闪烁。可以说，美人是昙花的化身，昙花是美人的幻影。我意会塔玛莎的怅绪，也旷望苍穹，但见星云迷茫，缄口保守着亘古的秘密。

翌晨，我蓦地想起，从法国总工会退休的罗曼先生曾屡述德米特里耶娃旧事，巴不得当面求教，就去他格勒奈尔街的寓所造访，适值其女露茜也在家，为之待客。我一坐定，罗翁养的波斯猫就立刻蹲立面前，毫彩莹泽，一双眼睛光闪闪的，仿佛询曰：“我的主人已年迈力衰，您找他干什么呀！”

自1980年起，我与罗曼先生过从十载，深知他从不因风云烟雨幻变而衰飒，于是默然对形异而灵的猫咪说：“喏，世道纷歧，直行者一时无程，特来觅人问路，俾今朝有志者得所趋向。”

屋外，庭院碧莎满眼，萧寂幽茜。阳光从落地玻璃窗照射进来，正洒在罗曼先生额际。一向安闲的老人今日不似平常那般心情，似觉万事萧然，十分抑郁。听我说要去莫斯科，愁绪乍起，一下敞开了话匣子："迩来世事翻腾，格局丕变。审度时势，有如秋叶之落。东欧之后，苏联势必动荡。那里的体制行将崩塌，辐射尘埃一落，后果不堪设想。"

"风烛残年，"罗曼先生停顿一下，怅然又道，"对一辈子革命的人来说，辞世前面临如此严酷的事实，心里异常痛苦，从来没这么痛苦过。可是，抱残守缺，难挽凋敝。必须穷原竟委，寻见其疏，方能重新开路。"

"俗话说，权势所在，当局者迷。关键在于，要防止受大众之托执政的人脱离大众约束，跃为至高无上的统治者。"静婉的露茜点燃一支"茨冈女郎"牌香烟，猛吸了一口说，"昨晚，我在总工会瓦尔兰大厅参加巴黎公社之友协会会员大会，听人号召：当前要聚集在巴黎公社的旗帜下，重申'人民主权'，恢复社会革命的本来面貌。"

在我视之，法国大革命"忿激派"[1]所提"人民主权"，唯有巴黎公社真正实践了，从而给人类解放留下了宝贵的精神遗产。一念及此，我对东道主说："您常提到俄国女革命家伊丽莎白·德米特里耶娃。正是她在公社时期以'巴黎妇女同盟'的名义起草了几份重要文献，交给公社劳工代表弗兰克尔，其中特别强调组成自由生产协会，由‘劳动者自己解放自己，自己管理自己’，‘消灭一切特权，一切剥削’。”

“是的，弗兰克尔不仅支持了伊丽莎白·德米特里耶娃的革命创议，还为她罕见的美貌所倾倒，竟至堕入情网。”罗曼老人顿时兴起，回答道，“公社失败，德米特里耶娃戴上风流贵妇的面纱，和弗兰克尔乔装夫妇，持德国护照逃到瑞士。可是，当弗兰克尔在日内瓦真向那俄国女子求婚，约她一同去伦敦见卡尔·马克思时，却遭对方婉拒。德米特里耶娃明言：她只爱革命，只爱俄国，要回国继续斗争。据巴枯宁说，那个在决斗中杀死普希金的丹特士男爵当年还救助过伊丽莎白，因为后者实际上姓贡恰罗夫，是普希金妻族的闺秀。此言想来十分荒诞，但伊丽莎白的美貌确非虚传。除了弗兰克尔，还有马隆[2]、利沙加勒等一些公社活动家都爱上了她，其中最痴心的，当数我叔父斯蒂了。他望云容于空谷，竟至为之终身不娶。”

有感于斯，罗曼先生转向他女儿，说：“你知道，斯蒂到了靡日不思的程度，后来还一直相信伊丽莎白没有死。1927年，他偶然在苏联报纸上看到一张寻常妇女的照片，非认定那是伊丽莎白不可，就跟着皮埃尔·狄盖特去了莫斯科一趟。”

“找到德米特里耶娃的下落了吗？”我迫不及待地追问。

“连影儿都没有，”罗曼老人干脆答道，“或许，叔父当时什么也不肯透露。回来后，他提起苏联，不像以往那么热情了，总之，他觉得那里的极权制度与巴黎公社社员的理想实成悖理。狄盖特也回来了。苏维埃政权提供终身养老金挽留他，被他谢绝了。他宁愿回圣但尼市，靠每晚点街灯过活，清贫地度过暮年。

“记得，斯蒂叔父还常哼一首格鲁吉亚民歌，起始云：

为了寻找爱的坟墓，
我走遍整个国土，
但我只有悲伤和痛苦。
苏丽珂，你在何处？

“嗣后，他病卧在床，到1929年，自度不久于人世，才断断续续向我父亲倾吐了内心隐秘。不慧偎在他怀里，静听幽怨结响，遥见天际雁影。”

罗曼老人接着回忆当时斯蒂的讲述。

昔日如梦，初见伊丽莎白是在1871年3月29日早晨。

“国际”巴黎支部预先接到通知，说伦敦总委员会派一位通讯员来了解情况。我到北站接人，一见发现来者系一少艾女流。在场的马隆当众脱口：

“噢！让魔鬼把我劫走！她可真是个绝色美人。”

我阅人颇多，但在法国还从未遇到过这么漂亮的女子。她身材袅娜，一头浓密金发挽耸成髻，蓝莹莹的双眼像粼粼水波，红唇似滴艳的樱桃。美貌若此，一见让人心生夭桃之愿……

“伊丽莎白·德米特里耶娃。”来者自我介绍。

“欢迎您来巴黎！我叫皮埃尔·斯……斯蒂。”

一碰到对方柔抚的目光，我神情惑乱，满脸通红，不知怎么结巴起来。我请伊丽莎白坐上马车，直奔科尔德里广场。一路街巷遍贴公社选举的告示，呈现出前一天公社成立的欢腾。

“真可惜，没赶上公社成立庆典！”她遗憾地说，隆隆酥胸起伏，一如马车在砌石路上颠簸。

“这是今天的《人民呼声报》，有茹尔·瓦莱斯[3]关于昨天市政厅广场盛况的报道，您看看吧！”言讫，我慌慌张张地将报纸交给她，恍惚无言。

伊丽莎白兴奋地看报，激动得念出声来：“阳光温煦明朗，洒在一排排炮口上，焕映出灿灿的金辉……号手们，让你们吹奏的军乐在风中传响！鼓手们，让你们的咚咚声在原野回荡！吾辈曾为你流血流泪，来继承我们的事业吧！绝望者的儿子，你将是一个自由的人。”

“写得真生动！‘摩尔’要是能看到这儿的公社实况，绝不会再固执己见的。”伊丽莎白有感于斯文，喃喃自语。

当时，我不知“摩尔”指谁，更不会想到眼前的这个姑娘就是卡尔·马克思的“四女儿”。不一会儿，马车到科尔德里广场6号停下，客人在“国际”巴黎支部所在地受到惯常礼遇。可是，当来者切望听取关于巴黎时局的汇报时，深受蒲鲁东思想影响的巴黎会员露出一丝苦笑，似乎在说：女流之辈，还是去管家务吧！伊丽莎白没顾及这种莫名冷漠，径直去圣多昂林荫大道一所陋舍草草安顿下来，当晚就由我陪赴圣贝尔纳教堂红色俱乐部集会，听一位年迈女工发言：

“诸位试想，我给人洗了40年衣服，每天干13小时活儿，挣的钱还不够糊口和交纳房租。这个社会公平吗？”

“不公平！女公民，现有制度是贫困的根源。”

伊丽莎白在人丛里响应，凛然跃上讲坛说：“可是，如果巴黎陷落，贫困的枷锁又会套在穷人脖子上，传给无望的儿女。喏，当务之急，咱们要立即组织起来保卫公社。”

组织起来！这是伊丽莎白在“摩尔”那里朝夕承教而为自己确立的具体目标。为此，她整日奔波，在工厂门口接触女工，去彼埃弗尔河畔跟洗衣妇攀谈，几无斯须闲时，每晚还要到公众俱乐部宣传鼓动。她演说时，常激动地掀开身披的黑大衣，露出红皮带和分插腰间的两支锃亮手枪，愈显磊落英挺，神采魅人。不少男士凑来并非趋闻妙谛，而以一睹美人芳颜为快。一夕，我因事晚到会场，见利沙加勒目不转睛地瞅着讲坛上的伊丽莎白，就问刚讲了些什么，不料那位巴斯克老弟张口结舌，支支吾吾说不上来。可见他是怎样全神贯注了。

4月，妇女俱乐部在意大利林荫道上集会。一个英国记者在《泰晤士报》上撰文称，参与者皆为社会底层的至极贱妇，唯有一位资质不凡的美丽少女在那里阔谈什么妇人的权利，说话时口音很重，毫不留情地指责那些愚蠢怯懦的男子只顾争论，不为保卫巴黎城采取必要的措施。她呼吁妇女们把防务承担起来，其容颜绝伦，俨然一派1789年大革命女英雄的气度。最后，那位英国记者评说：

不过此类女杰眼神不驯，难择乘龙佳婿。

我把《泰晤士报》拿给伊丽莎白看，她似乎没觉出我希望从其反应中揣摩出什么，而扣紧巴黎防务的话题：

“为保卫巴黎和救护伤员，我们组织了妇女同盟，已吸收1 800多名会员。您不觉得这令人鼓舞吗？”

鼓舞？当然。可扪心自揣，我也渴望爱情的鼓舞呀！是时，巴黎春色弥望，丁香吐艳，塞纳河畔馥郁芬芳。在第二帝国严冬中饱受风寒的劳苦大众，就像我这个工人的儿子，心中积雪消融，倾出一腔对美的渴求。曾见伊丽莎白拈花野栗树下，但风度端凝，神情冰洁。苦无由达，我只得把单恋深埋心田。提起妇女同盟，我从心底佩服伊丽莎白。没几天，这位在凡尔赛人眼里如仙女下凡般的异国女郎立即深入各区劳动妇女中间，在巴黎动员起一支浩浩荡荡的队伍，担负救护伤员和运送军需各项后勤任务。

那年4月13日，我应伊丽莎白之邀列席妇女同盟成立大会，见一批批身着破旧短大衣、头戴软帽的女工涌进第三区区政府大厅，其中有身材矮小、跟瓦尔兰一起办过工人合作食堂的娜塔丽·勒麦尔、女裁缝玛丽·勒鲁和彩线女阿丽娜，还有戎装耀眼的波兰女子罗托伊斯卡，长发如云的奥地利美妇海登莱特。她们一个个都有手枪。

“你好，布朗什！”伊丽莎白跟一个披红围巾的洗衣女握手，逗趣道，“怎么，又姘上了一个新情人？勒菲勃沃尔先生不妒忌吗？”

“哪儿的话，他夜里还亲自送我去幽会呢。”布朗什毫不隐讳地回答。

女伴们都明白，她的新情人本是“公社”。为了公社，这个似乎放荡的女工最终牺牲在5月街垒上。饮弹倒地之前，她还指着冲过来的敌兵，大声对男社员们呼喊：“谁打死一个凡尔赛匪徒，我今夜就跟谁睡一觉！”

此为后话。说到妇女同盟，它完全基于民主，选举产生有20名成员的中央委员会，在巴黎各区设立分会，广泛联系妇女群众。至于伊丽莎白在妇女同盟建立中所起的特殊作用，我是亲知眼见。是她仿效国际工人协会草拟了妇女同盟章程，难怪人称该同盟为“国际”巴黎妇女支部。据我所知，妇女同盟的一项重要任务是：切实解决妇女劳动就业问题。伊丽莎白和娜塔丽·勒麦尔组织了1 500名妇女在塞纳河左岸波旁宫缝制修筑防御工事的沙袋。女工们一边干活，一边唱《缝沙袋歌》：

装沙呀，装满沙！

姑娘们，来缝沙袋！
凡尔赛匪徒胆敢来犯，
公社定将他们击败！
姑娘们，来缝沙袋！

尔后，在布朗什广场构筑妇女守卫的街垒，用的正是这里缝出的沙袋。

“缝一个沙袋付8个生丁，大家对这个工钱标准满意吗？”伊丽莎白自己缝完一个沙袋，停针问刚被任命为工场场长的玛尔特。

“一般说，女工们都不计较报酬，”玛尔特回答，“在这儿缝沙袋，她们感到光荣。”

“这是一个方面，但从公社角度，必须按劳付酬，解决女工们当前实际生活困难。”伊丽莎白严肃地解释，“革命不是宗教，不能像神甫那样劝人俟诸来世飞升天堂。现在，女工们热情高，但长期的贫困会使她们逐渐消沉下去，回复到过去受剥削时的怠惰状态。我们必须警惕，不能让广大劳动者长期自我牺牲。那样，岂不成了旧秩序复辟？”

云来雾去，彼之余响，至今犹在耳际。伊丽莎白忠于“国际”的理想，阐发社会革命无隐不彰。读由她草拟，分别发表在《法兰西共和国公报》、巴黎《公社报》和《社会革命报》三刊的《妇女同盟号召书》，我深受浸润，羡其道远：“再不要剥削者，不要主宰者，人人劳动，共享福利，实现人民主权的政府。”可是，前年我去苏联，眼见那里形成了不受民众监督的官僚体制。须知，马克思关于巴黎公社的论述，乃是国家消亡的学说。在《法兰西内战》一书中，他明确指出，公社“反对国家本身”，必须“代之以真正的自治”。在《国家与革命》中，列宁进一步阐述了国家消亡的理论，去世前还特别叮嘱要防止其继承者的“极权倾向”。可现在，列宁不想见到的事发生了。

在苏联，为得伊丽莎白踪迹，我找到了洞悉第一国际历程的萨金。他已年垂八旬，道其历历苦况：

“1870年10月，不慧到里昂找巴枯宁不遇。里昂公社失败，他去了马赛。于是，他的好友兰基耶维兹同我一起到巴黎参加了‘三月十八日运动’。我化名为阿芒·赫斯，住在巴蒂尼奥尔区拉甫罗夫[4]的寓斋。5月初，拉甫罗夫为巴黎公社寻求支援，赴布鲁塞尔、伦敦和北欧。‘流血周’中，兰基耶维兹战死街垒，我去圣多昂林荫道通知伊丽莎白·德米特里耶娃，女房东说她已于前夜离开，走时销毁了所有署名‘伊丽莎白·德米特里耶娃’的证件。你知道，这是她在巴黎冒用已故祖母的姓名，遂成为其名号遗传于后世。巴黎公社陷落，伊丽莎白鱼沉雁杳。有人说她1905年曾重返巴黎，实际并非如此。

“余自1876年回国，屡遭沙俄当局逮捕，于1881年7月暂时被关在克拉斯诺亚尔斯克地区的监狱，以俟解往东西伯利亚苦役营。当时，狱卒同情革命，私下透露有一少妇急于与不慧晤面，但被典狱长拒之门外。据该狱卒描述，那女容貌举止娴雅，面含一种忧郁的美。不慧寻思：大概是伊丽莎白·德米特里耶娃。可是，她怎么也陷进了西伯利亚这座大冰窖呢？

“1917年底，余在《莫斯科贵族通讯录》上偶然翻到伊丽莎白·库舍列娃并两女伊蕾娜和薇拉的地址：玛拉雅·塞尔普科夫斯卡娅街31号。要知道，库舍列娃就是伊丽莎白。看来，她还活着，也住在莫斯科。我于1870年在日内瓦结识这位绝色美人，颇想重睹芳华。恰巧一日，一辆马车在莫克瓦雅街飞驰而过，我似乎瞥见伊丽莎白端坐其上，拔腿猛追，一边呼喊：‘伊丽莎！’狂奔中跌倒在地，仰视轻尘，玉人杳然；再瞧自己双膝，鲜血淋淋。进而一想：若真追上她，岂不贻害于人？阿芙乐尔号巡洋舰炮响震天，不要再被新建立的苏维埃政权视为‘巴枯宁分子’，而且还株连亲戚朋友……”

追忆至此，萨金含冤负屈，若枯叶飘然烟雾，不胜凄楚。他掩口咳嗽几声，又叙悲凉：

“一言难尽！吾侪曾因反对沙皇暴政坐牢，现大部分时间又被拘禁于集中营。6年前，得由列宁亲自下令，加米涅夫才将押在莫斯科契卡监狱的无政府主义者暂时释放，允其参加在严寒中举行的克鲁泡特金葬礼。当夜，受难的志士们都自动返归监狱。天太晚了，看守已经闭门，见此情此景，莫不目瞪口呆……克鲁泡特金逝世两周后，圣彼得堡工人罢工，要求由他们自己管理工厂，扭转政府措施造成的经济停滞。季诺维也夫动用士官生和民兵，宣布紧急状态。

“曾在阿芙乐尔号巡洋舰炮声中攻打冬宫的喀琅施塔得水兵们派代表团到圣彼得堡，返回军港后与该城工人在雅各尔亚广场集会，要求通过无记名投票重新选举苏维埃，并释放其他社会主义党派的政治犯。继而，水兵们成立临时革命委员会，明确要求按照巴黎公社的革命原则和民主方式实行直接选举，改组领导机构，并出版《消息报》，谴责圣彼得堡当局无视工人要求和把该市及莫斯科的工人罢工当成反革命行动镇压；水兵们得到许多布尔什维克党员的支持，驻喀琅施塔得的红军也没有进行干预。

“可是，当年3月3日，莫斯科广播电台突然发出粉碎所谓白卫军阴谋的动员令，并镇压首都和圣彼得堡、下诺夫哥罗德等地大工厂的工人罢工。从3月7日开始，托洛茨基下令炮轰喀琅施塔得海军要塞，并由图哈切夫斯基[5]制订围剿计划，动用飞机大炮，使整个军港陷入一片火海。3月18日晚上，科特林岛喀琅施塔得的巷战结束……

“最后的抵抗在冰上展开。水兵们原本可以炸开冰层自卫，但凭良知没有这样做，结果在肉搏战中寡不敌众，一个个牺牲了。有位叫沃洛佳的年轻水兵退守时发现朝他冲过来的恰是3年前一起攻进冬宫的战友，本能地停扳枪机，结果被对方子弹射中倒下。

“‘沃洛佳！沃洛佳！’对方认出了年轻的水兵，急忙将他抱进怀里。

“‘告诉……告诉薇拉……’沃洛佳话没说完，就停止了呼吸。

“薇拉是谁，对方无从得知。想必是年轻水兵钟情的一位姑娘，他可能是想要向恋人表白，自己是为一种理想死去的。

“据一些目击者说，起义水手们被枪杀时高呼：‘自由苏维埃万岁！’‘世界革命万岁！’‘共产主义的国际理想万岁！’他们之中只有极少数人逃至芬兰，剩下的数百人被俘，被押送至彼得格勒，几个月后由契卡分小股枪决了。要求实现人民主权的喀琅施塔得公社就这样遭到了取缔。”

萨金跟我谈了“喀琅施塔得公社”的详情后，又继续说：

“托洛茨基为镇压喀琅施塔得起义进行辩解，他的理由是自相矛盾的。一方面，他诡称这个军港已被白卫军控制；另一方面，又指责起义水兵们的要求是‘极左’的，‘无政府主义’的。实际上，喀琅施塔得是十月革命的策源地，怎么会一下变成白卫军的堡垒呢？喀琅施塔得的海军水兵是攻打冬宫的先锋，怎么会突然倒向沙俄势力？真正的原因是，他们要按照巴黎公社的民主革命传统建立新政权……

“喏，话扯远了，还是回到伊丽莎白吧！在马克思与巴枯宁的争论中，伊丽莎白公开支持前者，故不会落到我这样的境地。相反，十月革命后，作为马克思直接派往巴黎公社的国际代表，她理应受到布尔什维克的推崇，但人们至今不见这位女革命家的踪迹。围绕她的命运，自然会聚起一团疑云。她出身衣缨之族，很可能成为阶级斗争理论的……”

我往下追问，萨金似野鹤唳云，无从臆度，茫然不能置对。他的假想令人难以接受，可又找不出任何事实否其推断，只有苦抱一腔未了之衷，怅然返回巴黎。不久，我意外地遇到了热肠的米哈伊洛夫，一位伊丽莎白的同乡，他那年20岁，来巴黎索寻德米特里耶娃逸事。

据米哈伊洛夫说，在十月革命风暴中，库舍列夫家族豪奢的庄园被大火烧尽，一片废墟上昏鸦噪暮，其族人皆无复有见者。至于伊丽莎白，自她离乡，就泯然无闻，想必是惨遭不测了。耸听其言，不禁泫然，遂心想：还不如当年埋骨巴黎街垒呢！在公社战士最后坚守的朗波诺街，我曾见残墙上贴着伊丽莎白·德米特里耶娃签署的《妇女同盟号召书》，曰：“女同胞们，立刻上街垒去！……”

米哈伊洛夫接着说，那当儿，我多么想再见到她呀！哪怕见最后一次，哪怕是她的倩影，我就可以在漫天大火中焚身了。我侥幸没死，圣灵降临节后由一位公社社员的老母亲掩护在家中养伤。

至此，罗曼老人回忆完斯蒂的讲述。

彼时，对公社未亡人的心境和经历，茹尔·瓦莱斯在小说《起义者》的结尾有一段真切的描述：

> 我望着天际，感到巴黎坐落在那儿。天空呈现出不调和的蓝色，聚集着浓密的红云，仿佛是浸在血泊里的特大工装。

罗曼老人翘首遐思，抚摸一下似乎感悟情境的波斯猫，又追怀缅述："叔父取道比利时，经瑞士流亡英国，呼吸着伦敦浓雾，在孤寂的暗舍吞咽失败者的辛酸。弗兰克尔领他去卡尔·马克思家。他听说，几年来一群法国青年社会主义者被马克思为学浩博所吸引，还迷上了他的3个漂亮女儿。保尔·拉法格捷足先登，娶其二女儿劳拉；沙尔·龙格接踵而至，正在追求大女儿珍妮；而三女儿爱琳娜，那个昵称为杜西的纯情姑娘，16岁就同利沙加勒相恋，遭父亲激烈反对。至于他和弗兰克尔，两人都爱上了马克思的'四女儿'伊丽莎白。不过，那是柏拉图式的落恋幻花。所谓伊人，在水一方，青云去日遥远，谁也没有嫉妒之心，反而同病相怜，成了难兄难弟。人曰：爱的欢乐只在一瞬间，失恋的忧伤则终生不消散。明知无望，仍要追求，从中感到慰藉。这样，弗兰克尔空盼了整整20年，迟至48岁才成家……”

据秉笔者所知，弗兰克尔是最努力从理论上靠近马克思的公社委员。1890年，他返回法国，在利沙加勒主编的《战斗报》当编辑，生活贫寒。6年后去世，家人连安葬费都出不起，棺木措办艰难，还是沙尔·龙格和爱德华·瓦扬[6]等公社幸存者将他掩埋，由热罗·里夏尔宣读其遗嘱：

> 我生为自由思想者，愿如此这般死去。因此，无论在死的时刻，还是下葬之际，我都不要任何一座教堂的任何一位神甫来拯救我的灵魂。
>
> 我不信地狱，不信天堂，亦不信另一个世界里的善恶报应。
>
> 地狱与天堂，恶报与善偿存在于每个人的意识中。悔恨与慰藉，乃是每人现实地依其善行或劣迹本来应得的酬赏或惩罚。
>
> 我坦坦然然地死去。
>
> 安葬我时，应像掩埋最卑贱的饥民一样简单。
>
> 我所希求的唯一殊荣是，用一面红旗，一面国际无产阶级的旗帜给我裹身。正是为了这个阶

级的解放，我奉献了自己一生的英华，并随时准
备为之献出整个生命。

“弗兰克尔死得早，没遇到红旗下的阴影。”罗曼老人感今抚昔，怅然叹曰，“如果他眼见革命吞食自己的儿女，也难免我们现时的心境……”

谈至亭午，东道宴客，父女频举水晶杯，轮流劝饮波尔多酒。席间，罗曼老翁又话斯蒂晚景，使我重闻他叔父心海的潮音：

“我病魔缠身，将不久于人世，今叙往事，痛惜红芳。十月革命爆发，我以为德米特里耶娃亦奔走其间，不意其一家皆烬。我一生没时间积蓄个人财产，无须立什么遗嘱，唯愿死后葬于拉雪兹神甫墓地，跟被匆匆掩埋在那儿的最后一批公社战士一同安息。勿为我营墓，盖块一尺见方的青石板就行，不刻铭文。我要的纪念碑，是靠憩园街那座有弹穿洞眼的夏洛纳墙，人称‘公社战士墙’。能躺在那墙前面，我就可以含笑而去了……”

午餐既罢，罗曼老人坐回藤椅，声渐悲咽：“1929年底，叔父病危，我们立他床旁。弥留之际，他将一张德米特里耶娃的照片托付给赶来一诀的友人米哈伊洛夫；后者

明誓：异日返回故乡，一定要集资构屋，在沃洛克村建一座伊丽莎白·德米特里耶娃纪念馆，传播逝者的理想。萍梗之逢，终成莫逆。一言相诺，生死不渝。记得叔父临死对此宏深誓愿异常感动，集中最后气力，颤巍巍地紧握米哈伊洛夫的手，说：‘兄弟，拜托你啦！’”

1991年4月上旬，日内瓦

花月盛时，微风拂英落雪红。一日天宇晴朗爽然，罗曼老人殷勤邀我去瑞士度周末，由露茜小姐驾车，直驱洛桑与友人克莱尔会合，然后从蒙特勒的天鹅岛乘汽船南下西蹇古堡，沿途阅尽莱芒湖（日内瓦湖）山容水意。

哦！莱芒湖，
你这般平静，
留给游人的，
只有沉沉雾霭和船帆的远影……

是啊，晴空无际，碧水浩渺！这浮光潋滟的澄波，乃一泓沉思的源泉。凝望漂浮水上的白天鹅，罗曼老人又接上几周前的话茬儿：

“德米特里耶娃出身贵族，本可成为上流沙龙里一只温驯的白天鹅，浴波游弋，悠悠漾漾，可她自幼对父亲鞭笞农奴、侮辱贫女异常愤慨，读了普希金的诗、杜勃罗留波夫的《黑暗王国》和车尔尼雪夫斯基在《现代人》上连载的小说《怎么办?》，便立下消灭封建压迫的宏远抱负。15岁时，她听说国外有个致力于劳动解放的‘国际工人协会’，找到其理论家卡尔·马克思的《政治经济学批判》细读。那时，一些俄国女子假婚出国，到苏黎世、伯尔尼、维也纳和巴黎的大学攻读医学或法律。伊丽莎白也卷入这股时尚潮流。不过，她选择的专业是革命，去向是伦敦，寻找的是卡尔·马克思……”

“上回跟您长谈后，”我插话道，“我去勃堡中心查了让·梅特隆主编的《法国工人运动人名辞典》，其中称德米特里耶娃为托马诺夫斯卡娅。”

“是的，为了能出国，她嫁给了沙俄退伍军官米哈伊尔·托马诺夫斯基上校，”罗曼老人回答，“这一情节，我叔父斯蒂无从知晓，是苏联历史学家维特洛夫告诉我的。维氏从1928年开始打听伊丽莎白·德米特里耶娃的下落，走访了萨金。可惜，等他有机会来巴黎时，叔父已经故世。我接待了这位苏联学者，听他讲述伊丽莎白跟未婚夫泛舟伏尔加河上的趣闻，仿佛目睹其景。”

那是在一艘乘风逐浪的白帆船上。伊丽莎白跟倾心于她的贵族上校米哈伊尔·托马诺夫斯基相对坐着。

“您爱……”端丽的少女刚启口。

“我爱您！”那位脸色显露病态的军官立刻跪下道，“我爱您甚于世上的一切！”

“等等，您还没听我把话说完。我是问您爱不爱俄国，爱不爱我们的祖国。”

“谁会怀疑这一点呢？”

“那好，请您立个誓！为了对俄国的爱，对祖国的爱，您将答应我的一切要求。”

“我以军人的荣誉起誓！”曾同情十二月党人的上校赶忙站起来说，“我将顺应您的愿望。”

这时，伊丽莎白才对善良的米哈伊尔说：“我决意将自己的一生贡献给解放劳苦大众的事业。为此目的，我想到国外去见卡尔·马克思，向这位思想家反映俄国的现状，特别是农村公社土地所有制，听取他的分析，把他的理论带回来，扫荡人奴役人的制度。”

天真的少女过于激动，稍稍镇定后，转为恳求的口吻："我同意嫁给您，但咱们只是假婚。"

"您不知道西方那些国家战乱不断吗？"托马诺夫斯基上校冷静地规劝对方，"相反，在我们俄国，一切都还平静。"

"平静？请您听听这大河两岸拉纤苦力沉重的呻吟吧！"

木舟行进，浪花激溅着人的心潮。伏尔加船夫的歌声愈变愈激越：

穿过茂密的白桦林，

踏开世界的不平路……

世态如斯，令人陨涕。伊丽莎白芳泪承睫，默申澄清天宇，救民于水火之志，突然疾呼："我要去召唤风暴，追逐闪电！"

"风暴？现时莱芒湖上，何处还能看到往昔激荡天地的风暴，听到鸿鹄在风暴中喧腾，惊涛翻卷中那忿于世道不平的嘶鸣？"克莱尔女士对罗曼老人嗟叹，"您说的伊丽莎白不单求自我解脱，而是要救度众生。像这样有血性的女子，普天率土已经绝迹了。君不见，眼前游客，或随波逐流，或依沙走穴，或陷庸庸泥泞，或坠迷蒙宿雾，蚩蚩蠢蠢，竟日耽于逸乐……”

“瞧！前面水中的西壅古堡，其态势恰似人类境遇。”克莱尔女士突然喊道。

我们顺她指的方向望去，见山湖依傍处兀立一古堡。汽船渐渐趋近，靠拢细看，它建在莱芒湖中巉岩之上，非桥弗通，俨然一座水上牢狱。1816年仲夏，拜伦在雪莱陪伴下遨游至此，感于波尼瓦尔教长被暴君囚禁，奋笔写下长诗《西壅的囚徒》，且将自己的名字刻留在古堡石块上。今日游客，多来追攀往日风帆。

听说，德米特里耶娃昔时曾同巴赫蒂涅娃来此怀古。天下事如往而复，我仿佛感其冰心映波，其神音仍回荡于山岩湖水之间。然而，山苍苍，水茫茫，自伊去后，今朝再也听不见这般啸咏回应。莱芒湖一片死寂，让人觉得时间也凝滞了……

回洛桑从乌栖泊岸，驱车抵日内瓦，在莱芒湖大堤上寻找斯蒂屡对罗曼述及的“北方咖啡馆”——那个俄国流亡者昔日雅集聚谈地，现已全无痕迹。再觅当年“国际”俄国支部旧址，亦不见确处。然而，在罗曼老翁看来，他正重蹈德米特里耶娃的足迹。据彼所言，伊丽莎白假婚后等待了一轮寒暑，于1868年秋叶赭红时跟丈夫坐上了开往中欧山国瑞士的列车。

来到日内瓦，她化名为“伊丽莎”，在“唯一圣殿”结识了赫尔岑旧友乌亭，获知此人曾于1862年同车尔尼雪夫斯基、拉甫罗夫和涅克拉索夫共同创立“革命之家”，其时正以“唯一圣殿”为中心，组织“国际”俄国支部，吸收一批1863年波兰革命的参加者，并巧妙地从巴枯宁手中接管了影响颇大的《人民事业报》。经出自意大利王族、才貌俊逸的乌亭夫人纳塔介绍，她加入了第一国际，继奥尔嘉·列瓦绍娃之后罄囊资助《人民事业报》出版，参加各种公众集会，以姿容妙曼蜚声莱芒湖畔。伊丽莎的交游集中于一个目标，即在第一国际日内瓦各支部不同派别的迷宫里探听卡尔·马克思的地址，靠阿丽亚娜的线索找到会晤《资本论》作者的途径。这一过程中，她遇到了马克思的密友海尔曼·荣克，从这位英籍瑞士钟表匠处得悉马克思与巴枯宁的尖锐矛盾，以及第一国际总委员会1868年12月关于拒绝“国际社会主义民主同盟”集体加入的通知。其时，乌亭站在马克思一边，他发函委托马克思在“国际”总委员会代表俄国支部表态。伊丽莎看乌亭的信时，注意到其中一句话：“请告诉我们，是否可派几位赴伦敦的朋友到您府上拜访。”伊丽莎想跻身“几位赴伦敦的朋友”之中，于是找纳塔·乌亭说：

“我想去伦敦跟卡尔·马克思谈谈俄国革命。如果马克思接触到俄国的特殊问题，肯定愿填补他学说的一大空白，以‘农村公社’和‘工农合作社’为基础，在俄国实践他的理论，动员国际力量声援我们。”

“好极了！这样，在俄国问题上，巴枯宁这头米诺斯牛就再无机可乘。”纳塔十分赞同伊丽莎，“此行非常重要。‘国际’总委员会已接纳‘国际社会主义民主同盟’，该组织受巴枯宁操纵，企图篡夺‘国际’领导权，要让马克思他们看到这个危险。”

1870年8月初，马克思让第一国际德国支部创始人约翰·贝克尔通知日内瓦俄国支部，说伦敦方面欢迎他们派一名代表前去洽谈。伊丽莎闻讯，立即直接找乌亭本人，表示自己愿担当此任。经再三请求，伊丽莎终于如愿以偿。1870年12月12日，年轻的俄国姑娘一似流莺出谷，啜吸着未来的芳香，启程前往伦敦，她随身携带一封“国际”俄国支部致马克思的信函：

敬爱的公民：

兹向您介绍我们的挚友，忠诚于俄国革命事

业的伊丽莎·托马女士……同志们相信，您一定愿对她进行指导，给予宝贵帮助。

“这样，伊丽莎白·德米特里耶娃成了卡尔·马克思的‘四女儿’。”罗曼老人最后归结道。

“哦，原来如此。”我乃始恍然，益发仰慕伊丽莎白·德米特里耶娃，神驰她曾寄迹的英伦三岛……

1991年4月下旬，伦敦

一个月来，听罗曼老人谈德米特里耶娃，向慕之诚，结于梦寐，几度依稀赴雾都步其后尘。恰在这时，两年前于“法国大革命国际讨论会”上结识的英国历史学家大卫·杰斐里先生折简相招，我遂欣然上路，从迪耶普港乘轮船渡过拉芒什海峡（英吉利海峡），经布莱顿抵达伦敦。

与大卫·杰斐里重见，相与抱持，同怀今昔聚散之感。宾主坐而叙谈别况，难免慨叹世变之迅，惋惜爽气靡然澌灭。所幸者，吾友乃《马克思一家在伦敦》一书作者，自荐领我至伦敦北郊梅特兰公园路41号马克思故居。他知悉伊丽莎白·德米特里耶娃拜访马翁的情景，实地追摹，自然非凿空之谈。由今回想，犹见丽人于如潮落叶之下。

是日，听有人用敲门锤叩斋，胡须蓬蓬，约莫五十来岁的主人应声出迎。他见来者是一位美貌惊人的俄国女郎，赶紧用德国口音很重的俄语说：“我很晚才想到学俄语，讲得不好，请您包涵。”

“这就是大名鼎鼎的卡尔·马克思博士！”伊丽莎被引至客厅就座，好奇地端详马克思，见他面庞呈古铜色，一双黑眼睛炯炯有神，头发银亮闪光。她心里琢磨：马克思跟拉甫罗夫颇为相像，有预言家风度，但看来思维更敏锐，个性更坚毅。

马克思原以为等候的是一位老练的俄国政治家，没料到“国际”日内瓦支部竟派来一个面泛红晕、流光溢彩的天真少女，诧异之余，他立即将来客介绍给自己的妻女。霎时，伊丽莎浸进一种家庭温暖。她逐一打量马克思夫妇的三个女儿：珍妮一头浓密乌发，眼睛深邃，酷似其母；劳拉浅金色头发，容止明丽；小杜西（爱琳娜）活泼烂漫，特受父亲宠爱。噢，当马克思的女儿该多么幸福啊！越日，伊丽莎再次莅访，马克思径直将她引进二楼书房：那里殊有雅人深致，摆着写字台、木椅和沙发，周围堆满各类书籍和报章杂志。最让来客钦佩的是，主人能在片刻之间从书房那峰峦叠嶂的纸山里抽取他所需的材料。此外，他谈吐激昂，总是不停地来回踱步，好像只有走动才能使自己敞开思路，产生灵感似的。

“我读过车尔尼雪夫斯基的政治经济学。他无疑是一位伟大的思想家，给你们俄国增光。”马克思谦逊地说，“一年前，有位朋友从圣彼得堡给我寄来弗列罗夫斯基所著《俄国工人阶级状况》。此书对欧洲而言是一大发现，表明你们国家也开始进入本世纪的普遍运动。您刚谈到俄国土地所有制，这是非常重要的情况。巴塞尔大会曾强调社会有权取缔土地个体所有，使之归公。这方面，俄国农村公社的前途很值得考虑。”

谈论中，伊丽莎感到自己面前这位历观诸书、在大英博物馆无所不窥的哲学家丝毫不故步自封，他能静心细聆自己反映俄国现实，从新的角度研究革命理论。既然是彼此平等探讨，伊丽莎也就不时坦率质疑对方论点。马克思非常喜欢俄国少女的坦率，欣赏她丰富的政治知识、推论的灵活性和反驳时的明确态度，这一切都促进着彼此相互了解。

繁忙中，马克思每天都尽量抽时间同伊丽莎见面，朝夕谈心，培养她用唯物辩证法分析问题的能力，并派她出席工人集会，联系劳动群众。在马克思家，伊丽莎洵无虚日，过得十分愉快。主妇燕妮、三个女儿和海伦·德穆特——那位被亲热呼为琳蘅的忠实女仆，都喜欢坦诚的俄国姑娘，经常留客吃饭，把她当马克思的四女儿看待。恩格斯一来，马克思就将他介绍给伊丽莎，故意把“弗里德里希”念成俄语，幽默地说：“瞧，这是我的朋友‘费多罗维奇’。”逗得满堂哄笑。只是，伊丽莎不适应伦敦的浓雾，1871年元旦赴马克思家后患了支气管炎，卧床在拉法格夫妇家。过了几天，她稍觉清爽，就援笔贻书马克思，曰：

亲爱的先生：

感谢您的美意和对我健康的关怀。至于俄国农村公社的命运，我认为它很可能会变成小个体所有。因为，当今俄国政府的一切措施，均旨在取消集体责任制，开始建立私有制。您想必知道1847年出版的哈克斯特豪森关于俄国农村公社制度的研究著作。如果您手头没有此书，我可以立即给您送上俄译本一阅。

向您夫人致意，紧握珍妮和杜西的手。

伊丽莎

“杜西那时年始15岁，特别爱伊丽莎，经常约她来这儿漫步。”大卫·杰斐里先生陪我游海德公园，触景寻思故迹，说，“这儿是伦敦的自由论坛，谁都可以即兴演说，发表政见。伊丽莎对此很感兴趣，每次来心情都十分舒畅。相反，俄国姑娘不喜欢伦敦塔。一天，杜西领她去参观，看见里面饲养着一群肥笨的乌鸦，惊诧不已。”

“乌鸦啄食死尸，是不祥之鸟。为什么要把它们豢养在这里呢？”伊丽莎迷惑不解地问。

“英国的贵族老爷们十分迷信，硬说乌鸦如果飞走，大不列颠就会灭亡。”杜西笑笑，稚气地回答，“瞧！怕这些黑老鸹跑了，还特意剪短了它们的翅膀。多么可笑啊！”

伊丽莎思索一下，说：“法国人就不一样。在他们的绘画里，乌鸦总是尾随秃鹫，在旷野啄食腐肉。要是我没记错的话，托马斯·莫尔[7]和圣西门一样，也把乌鸦视为贪婪的剥削者。”

“可怜的托马斯·莫尔！他因此被英王亨利八世处死在这里了。”小杜西凄然声咽。

“我在俄国读过托马斯·莫尔的《乌托邦》，”伊丽莎说，“在那部似乎是空想的小说里，作者真实地揭露了资本原始积累的残酷，提出废除私有制，故为封建君主所不容。不过，亨利八世杀害莫尔，却不能扼制住这位宗教改革家提倡的人文主义。令尊的《资本论》不正是汲取了莫尔思想的精华吗？不然，你们怎么会也叫他‘摩尔’呢？我深信，终有一天，云破月来，‘摩尔’们的‘乌托邦’将会变成现实。”

“伊丽莎，你说得好极了！咱们一同为之奋斗吧！”杜西喊道，情不自禁地拥抱起俄国女友来。

那次谈话后，我跟大卫·杰斐里先生同诣伦敦北部的海格特公墓实地一观，发现要拜谒卡尔·马克思墓必须付钱，因为，那墓地早已变成了一般标有“当心恶狗！”警句的私人田产了。

“历史的嘲弄！1848年，马克思同恩格斯发表《共产党宣言》。把他们的学说概括为：消灭私有制。可是，这位预言家何曾预料到，百年之后，约翰牛仍由保守党牵引，连他的坟墓，他和妻儿及女仆最后归宿的一小块土地也给私有化了！”具有典型英国绅士风度的大卫·杰斐里素来冷静，不为矫激之言，其时也倏忽激动，做了个无可奈何的手势，苦笑道，“改造世界，谈何容易！既立秩序非但气数未尽，在摩登社会消费的粪土上广培草木，饶绿繁红，而且将他掘墓人的坟地置于私有制的苑囿里。”

“听人说，埋葬在这一处的，均为‘遭上帝弃绝之人’，是真的吗？”我细读绿色常春藤下马克思墓碑的铭文，一边问英国朋友。

“是的，可我们英国人连死也不弃置。”杰斐里先生自嘲道，“统统管制起来！”

离开伦敦前夕，我最后同大卫·杰斐里长谈，听他评述伊丽莎与马克思争论巴黎公社是非，益信前者远见，令人服膺。在俄国革命尚遥之时，法兰西民众于1870年9月4日推翻路易·波拿巴专制的第二帝国。此际，流亡伦敦的“国际”法国支部成员纷纷返回巴黎，谁都难以预测局势会怎样发展。伊丽莎和马克思一家都在密切注视英吉利海峡那边事态的变化。

“巴黎人还要掀倒卖国的临时政府，建立起大众盼望的公社。”伊丽莎兴奋地说，“这将在整个欧罗巴点燃革命的火焰！”

“在普军兵临城下的时刻，任何推翻新政府的尝试都不理智，因而是绝望的。”马克思表示不同意俄国女郎的看法。他坚持认为，在法国进行一场工人社会革命的条件尚不成熟。然而，伊丽莎心潮沸腾。这姑娘久蓄壮志，欲求冲举。春序已至，自感韶华其发，一生契机来临。她对富有革命传统的法兰西心慕欲往，去找马克思说：“我决心去巴黎，在火热的斗争中，实现您关于组织群众的构想。”俄国姑娘的心愿符合马克思当时的需求，因为，已在巴黎的“国际”总委员会委员奥古斯特·赛拉叶忙于发展迅猛的“三月十八日运动”，无暇向伦敦总部汇报巴黎公社的情况，再派一位细心女性去当通讯员，显然十分必要。

1871年3月28日，伊丽莎受“国际”总委员会派遣，吻别马克思一家，轻装离开伦敦，所持护照上填的姓名是“伊丽莎白·德米特里耶娃”。像上回在日内瓦一样，她出于惯有的谨慎，再次用了这个连她家人都不知道的称谓。德米特里耶娃没有严格遵照马克思派她去当通讯员的嘱托，而全身心力投入了那场冲击旧秩序的斗争，马克思一直得不到关于她的消息。一日，他读《泰晤士报》上一篇关于巴黎红色俱乐部的报道，隐约感到空山瑶草，终落数点绯雨。杜西和劳拉与伊丽莎神交既深，认定文中“外国口音很重的美丽少女”就是慧根夙具的伊丽莎。这期间，马克思转而对“三月十八日运动”寄予希望。1871年4月12日，他致函友人库格曼医生，称赞那些“冲天”的巴黎人具有何等的灵活性，何等的历史主动性，何等的自我牺牲精神！因此，对于俄国姑娘的任性，他自无责怪，切盼她的音讯。不久，海尔曼·荣克收到伊丽莎托两位旅行者相继从加来发出的电报，通知她的巴黎地址。荣克函告马克思："托马诺夫斯基夫人无疑担心她的电文落入敌人之手，故内容十分简略。"日内瓦方面，乌亭为伊丽莎焦急，于4月17日致函卡尔·马克思：

敬爱的马克思公民：

在下不揣冒昧，径直向您探询吾侪挚友，年轻的伊丽莎·托马女士的下落。三星期前，伊丽莎曾来一简函，提到她欲随荣克往游巴黎两周，此后就无信息。此间获悉，目下由巴黎发信情况很不正常，但终归还是能够寄到的。您若能拨冗来函，转达有关俄国女友命运的消息，不才实感激涕零。您曾那么善心、那么热情地接待过伊丽莎。毋庸讳言，吾等非常担心托马的狂热和冒失会毁了自己。倘若真的失去她，吾侪会极度悲伤，因为，像这样能随时为俄国的整体事业效力者诚属凤毛麟角……

马克思见信，当即回复乌亭，转告他伊丽莎已去巴黎。鉴于局势，那边通信困难，伦敦方面亦无其确切消息。在巴黎，很少有人知道卡尔·马克思，偶然提及他，人说是个普鲁士佬，在柏林担任俾斯麦的私人秘书云云，让伊丽莎听了窃笑。此时此刻，她多么怀念梅特兰公园路41号的亲人。夜梦依稀，自兹一离，何年重聚！

4月24日，一位巴塞尔报业人士从瑞士抵巴黎，给伊丽莎捎来乌亭的信。翌日，瑞士人前往伦敦，俄国姑娘抓住这一难得机会，托他给海尔曼·荣克带去一封长信：

亲爱的先生：

靠邮政寄信是不可能的。通信被切断，一切都落入凡尔赛人手中。赛拉叶刚在公社得到任命，情况良好。他曾从圣但尼转过7封信，看来伦敦方面根本没有收到。我从加来给您拍了一封电报，从巴黎寄了一封信。此后，我多方寻求，也没能找到一个去伦敦的人。你们怎么能待在那里无所作为呢？试想，巴黎会因此覆亡的。必须不惜一切代价鼓动外省起来支援我们。巴黎人英勇奋战，没料到竟这样被抛弃。不过，我们至今还守卫着所有的阵地。东布罗夫斯基骁勇善战，巴黎一派革命形势，粮食并不短缺。您知道，我是悲观的，不尽从好的方面着眼，而等待着哪一天战死在街垒上。我们要对付一次总攻势。我认为，一切都得看机缘是否凑巧。

我患支气管炎，一直发烧，病得厉害，可又十分忙碌，要一起将巴黎所有的妇女都动员起来。我组织一些公众集会，跟大伙儿共同在全市20个区政府里设防务委员会，还成立了一个中央委员会。总归是为了把“妇女保卫巴黎和救护伤员同盟”建立起来。我们跟政府联系，事态会顺利发展的。只是，我为此耗费了多少时间，付出了多少精力呀！每晚都得发表演说，写大量东西，而病情则在恶化。

如果公社获得胜利，我们的组织将从政治性的转变为社会性的，构成“国际”的支部。这种思想很得人心。我在进行“国际”的宣传，指出包括德意志的各个国家都处于社会革命的前夜。

总的说来，这一宣传赢得了妇女们的认同。参加我们大会的妇女，每次都达到三四千人。不幸的是，我抱病在身，无人替代。

公社进展顺利。开始时，人们犯了不少错误。约莫15天或20天前，尽管我们进行了一系列宣传，可克吕泽烈还是得到了任命。马隆没听我的话，现在急得直揪自己头发。过几天，克吕泽烈将会被逮捕的。

“告农民书”没能及时写出，我看是压根儿就没起草，而我和赛拉叶屡次提过此事。中央委员会没有立即移交权力，一些麻烦事影响了各项措施的执行。不过，从那时以来，一切都组织得更加坚实了。我想，大家各尽所能，这里也不便多说，怕梯也尔“漂亮的眼睛”会来视察这封信函。捎信人能否安然无恙地到达伦敦，还成问题。他是巴塞尔一家报纸的编辑，为我带来了关于“国际”的消息。

我手头没钱用了。如果您收到了寄给我的钱，烦请托人捎来。不要通过邮局，那可寄不到的。你们都怎么样？我没什么时间，但一有点儿空，就想你们大伙儿。珍妮在干什么呢？如果巴黎形势不这么紧张，我倒蛮愿意珍妮来这儿，要做的事可真多呀！

丽莎

1871年4月24日于巴黎

又及：很少见到马隆和列奥·弗兰克尔。他们俩各自都很忙。

接此信，海尔曼·荣克于5月1日通知马克思：“一个年轻人今晨从巴黎抵达这里，给我带来了托马诺夫斯基夫人的一封信。”随后，他在“国际”总委员会会议上宣读了伊丽莎来信全文。马克思对此高度重视，于5月13日回函巴黎公社委员瓦尔兰和弗兰克尔：

“依我看来，公社似乎在琐事和个人争执上浪费了过多的时间……普鲁士人不会把炮台交到凡尔赛分子手中，但一俟和约最终签订，他们就将允许政府派其宪兵包围巴黎……”

弗兰克尔将马克思的信念给德米特里耶娃听，几次重复其中要他们“提高警惕”的忠告。听弗兰克尔念完马克思的信，俄国姑娘记起“摩尔”在伦敦关于采取“预防措施”的叮嘱，回寓所立即销毁了所有可能泄密的文件和信札。这样，她留给凡尔赛匪帮的，唯余一个“绝色美人”的神话，说她“身穿女骑士衣裙”“戴红羽饰毡帽”“披金色流苏肩带”，而其所自来，于花都栖身何处，去有何踪，甚至究竟叫什么名字，警探们皆不甚了了，无从落实，只能向军事法庭交一份空案卷，附上一项说明：“对名叫德米特里耶娃的女人，我们竭力多方调查，但均未能发现她在巴黎的下落，亦不知此妇原来乡贯何处，3月18日以前曾操何业。”

“国际”总委员会自然清楚凡尔赛当局通缉的德米特里耶娃是谁，因此为得不到她的消息而焦急，设法四处打听。1871年7月1日，海尔曼·荣克突然收到了一封电报：“伊丽莎到达日内瓦。”他欣喜万分，当即提笔写信给马克思，让他们一家人宽心。3天后，“国际”瑞士法语区支部领导人亨利·培列又致函荣克：“令人欣慰的消息！我们可爱的小妹妹伊丽莎得救了。她冒着枪林弹雨，冲破重重障碍，最后离开了巴黎。能如此生还，简直是个奇迹！现在，她到了日内瓦，待在我们这儿。大家以最大的关怀，一起保护这位姑娘。她跟几位朋友一同逃脱了可怕的大屠杀。我想，她不久会给你们去信的。”

去信？就在这同一天，法国驻伯尔尼公使要求引渡弗兰克尔。没过几天，他又敦促瑞士当局逮捕一个“跟乌亭同居的妇女伊丽莎”。同时，沙皇政府也下达密令，指示其掌管安全的“第三厅”搜捕所有参与巴黎公社的俄国公民。鉴于这一情况，亨利·培列于7月23日再致信荣克：“弗兰克尔尚在日内瓦。我们可爱的伊丽莎面临被逮捕的危险，大家都在掩护她。”拉芒什海峡彼岸，马克思惦念悬切，期望能在他接待的一批批公社流亡者中再见到伊丽莎秀丽的面庞。为此，他写信给日内瓦的乌亭，说伦敦方面从8月份起就再没有俄国姑娘的音讯。结果，乌亭于10月底回信，答复说：“我们的小妹妹伊丽莎已不在这儿了。”

谈及德米特里耶娃的去向，大卫·杰斐里分析：“在给荣克的信里，伊丽莎流露了对伦敦方面隔岸观火的怨尤。公社失败了，日内瓦革命营垒派别纷争骤趋激烈，相互指责，从死难者身上显示自己的卓见。她暗忖，伦敦那边，想必也是如此颓景，毋宁暂避一隅，回俄国独自去静舔理想的创伤。”听至此，我迷惑稍解，说：“1871年5月28日下午，巴黎公社最后一个战士从朗波诺街垒发射最后一颗炮弹。仅仅过了两天，马克思就在这儿的“国际”总委员会宣读了《法兰西内战》。没有德米特里耶娃提供实况，这是不可能的。”

“是的。马克思论述了‘三月十八日运动’的性质。”杰斐里肯定，“他指出巴黎公社是‘人民主权’，这与德米特里耶娃‘巴黎妇女同盟’纲领中所提‘人民自己主权的政府’如出一辙。”寄诸德米特里耶娃的体验，马克思将巴黎公社的基本经验概括为：工人阶级不能简单地掌握现代的国家机器，并运用它来达到自己的目的。此际，我的英国友人钩玄提要，从书架取出《法兰西内战》法文版，迅疾翻至第三章，念道：“中央集权的国家政权起源于君主专制时代，必须予以粉碎，而公社正是反对国家本身这个社会的超然怪胎的革命。”

“切要在兹！”杰斐里兴奋起来，说，“在《法兰西内战》的《导言》中，恩格斯突出了‘三月十八日运动’给马克思的启示。”

“社会起初用简单分工的办法为自己建立了一些特殊的机关来保护自身共同的利益。”他翻开《导言》，念道，“但是，后来这些机关，其中主要是国家政权，为了追求自己特殊的利益，从社会的公仆变成了社会的主人。”

“您再看这里！”杰斐里回到《法兰西内战》正文，又念，“用等级授职制去代替普选制根本违背公社精神。”

“可见，马克思通过巴黎公社的实践对君主政体和议会制度进行了双重否定。由此，他干脆提出了‘粉碎国家’的理论。”杰斐里肯定说，“乍听语殊惊人，然其根据是无可辩驳的。”

英国历史学家这番话，触及了问题的核心，只要读巴黎公社文献就不难证实。譬如，公社刚成立，欧仁·鲍狄埃和赛拉叶等一当选委员就联名发布公告，主动要求群众监督：“公民们，请别忘记，如果官吏脱离人民，自行动议，就势必会陷入专断的泥潭。没有你们爱国的协助，我们纵有一片忠心也是徒然。”公社委员勒弗朗赛则告诫同胞：“主权在巴黎公社全体选民手中，公社只是执行者……照此原则，公社委员没有从选民那里获得这样一种权力，即他们可以靠之篡夺只属于后者的主权。”“即使你们特地任命一批赤诚纯正的工人，倘若他们不立即运用自己短暂掌权的机会取消现存国家，那么到明天，这些人将会变成你们的敌人…… 一旦当权者的继承人中出现野心家，就会让你们感到这一严酷事实。人民的权利不能也不应该依赖受委托行使权力者的德行。”

正像所传西西弗的那块岩石，谁去推，最后都是免不了要挨砸的。问题不在于推动它，而是要拿锤子将之打碎。关键不是更换执政者和政权的标签，而是要取缔旧式政权，从本质上改变它。一句话，废除它。显然，巴黎公社决心结束以极权为特征的旧秩序，建立具有约束力，服务于人民，尤其是劳动者的政权。为此，必须切实保证人民大众的主权不致被少数执政官吏篡夺。

“我拥抱了夏日的黎明，”法国诗人兰波在渴求巴黎公社时，于途中吟咏，“面对在冷杉丛流泻的金黄色瀑布，我笑着，看见了银峰顶上的女神。于是，我一层一层揭开她的面纱……觉来之时，已经是晌午了。”

伦敦之行，至此而毕。短暂逗留，如兰波之梦，恍然若有所睹，若有所悟，弥觉神远，深慰心怀。是啊！我追踪觅迹，仿佛看见那颗流星穿进了彗星的云，透过彗发的长波，趋近了那星云的魂灵……

1991年5月下旬，巴黎—莫斯科

匆匆之间，塔玛莎回国已一个多月，今天来信说已跟沃洛克村德米特里耶娃纪念馆联系，还通知我莫斯科“巴黎公社国际讨论会”筹备就绪，定于当年5月28日召开。5月25日，我乘上巴黎—莫斯科141次国际列车，途中忽闻包厢外过道有人哼歌，其声悲切，聆所唱之词：

哎，红莓花儿哟！
哎，白菱花儿呦！
你别开在，别开在
那峻峭的高山上……

这是苏联影片《黑孩子——马克西姆卡》中俄国水兵们唱的一首歌。我循声而出，见哼歌者伏在车窗口远眺，任风吹拂他灰白的卷发。

“先生，请问您去莫斯科吗？”

“不，去下诺夫哥罗德，在莫斯科换车。”也许客旅郁闷，歌者听有人讲法语，兴致顿起，转过头来说，“时移事异，人心危骇，我回那儿看望哥哥。”

询悉对方名叫谢尔盖，竟是罗曼老人所提米哈伊洛夫的异母兄弟。1942年，他从纳粹监狱逃到法国，随其兄在安德尔地区的夏朵鲁和利摩日一带打游击，后娶法国姑娘为妻，定居异邦。

“我们兄弟俩在法国领工人退休金，安度晚年。”谢尔盖说，“可哥哥率性而行，非要返回故乡沃洛克村。他为一念所激，出于桑梓之谊，在那儿看守一位已故女革命者的旧居。”

“伊丽莎白·德米特里耶娃！”我立刻道出逝者的名字。

“您怎么会知道？”谢尔盖诧异地追问。

陌路相逢，奇遇知音！谢尔盖把我拉进他的包厢……列车飞驰，如迅鸟暮投宿林。布列斯特、明斯克……夜渐深了，谢尔盖仍滔滔不绝。天星寥落，似乎错过我这迢远而来的中国人就再子期难遇，弦冷高山了。受其兄之托，谢尔盖近年来风尘仆仆，往来于法国和苏联之间，为伊丽莎白·德米特里耶娃纪念馆搜集史料，对有关情况了解颇为详细。

“像我现在回苏联一样，伊丽莎白当年从日内瓦返国，心情十分抑郁。”谢尔盖追抚往事，“她敛迹避祸，但不久就又铤而走险，鼓动在圣彼得堡军事学院攻读的表哥库罗帕特金[8]反叛沙皇；库氏《回忆录》中载述：‘我们屡次晤面，话题只有一个，即为了俄国的利益，必须发动一场政变……’

“人心叵测。19世纪60年代初，在一股革命热中，库罗帕特金给表妹伊丽莎白送来赫尔岑在伦敦出版的《北极星》，他到沃洛克村里向人散发虚无主义者《致青年一代》的宣言，号召‘摆脱对君主的迷信’。那时，伊丽莎白刚扔下布娃娃就要革命，参加了秘密组织‘自由与土地会社’。

“库罗帕特金说：‘1865年至1866年间，我常见到丽莎……这姑娘长得异常美丽，思想高洁，谈吐热烈，出语准确，比我更具有为民众效劳的意向，不断劝我离开军队到民间去……’可是，库罗帕特金背弃初衷，没有再听美人鱼的‘无政府之声’，当上了沙皇的国防大臣，亲自率兵去你们中国‘满洲’……

“伊丽莎白在表哥处碰壁，没有气馁，又盛装进入圣彼得堡上流社会，接触高级军官，企望靠他们领兵攻打冬宫。可是，那些年轻贵胄感兴趣的是此女如花似玉的容貌，而绝非幽兰含蓄的芳蔼。惜哉！花遇深秋……”

听谢尔盖叙述，我心远玄穆，恍见伊丽莎白于峰巅云际。回想春时在雅典登山观卫城，我于废墟石罅中瞥见一枝野罂粟花红艳似火，仿佛点燃苍穹的彩霞。于今想来，伊丽莎白不就是那枝野罂粟花吗？

谢尔盖喘了口气，继续说：“1871年圣诞节，在沃洛克村的家宴上，伊丽莎白的胞兄亚历山大引来了一位名叫伊凡·达维多夫斯基，潇洒不羁的青年。”

“当局流放了涅恰耶夫87名同党。”年轻来客说，“这些大学生抗击沙皇暴政，他们是俄国最优秀的儿女。”

“您怎么展望俄国的未来呢？”伊丽莎白颇感兴趣地问他。

“正如涅恰耶夫所说，我们的使命是破坏暴政，不是建设。建设需要比我们更有本领、更有智慧、更纯洁的人。”青年谦逊地回答。

“涅恰耶夫在日内瓦避难，鼓吹‘理想的航船在污泥中全速驶进’。我看，这是个恶魔！”姑娘率直地反驳，“巴枯宁已与他彻底决裂了。”

“小姐，您可能不完全了解涅恰耶夫的思想。”青年客人彬彬有礼地解释，“他认为，要消灭特权，必须采用残酷的暴力，但在其《革命者信条》中又指出，革命之后，决不能把一个专政的制度强加于民众……”

客来缤缤纷纷，客去雪月一轮。伊丽莎白躺在床上，回想来客那英挺之姿、磊落之概，似动情魔，久久不能入睡。今夕何夕，遇此逸士！那青年言谈超特，辞甚激切，说起暴动时双眼星火迸溅灼闪，耀映倩女心胸。霎时，红颜春情，往日的冷静忽地失却了。梦里重会，雁栖幽谷，碧眼流霞，渴饮烈吻的酣甜。及醒起，朝暾映窗，满目芳菲…… 回国后，伊丽莎白一直定居娘家。托马诺夫斯基空等数年，并无埋怨。接着，他见自己年轻管家伊凡·达维多夫斯基成了妻子的情人，在绝望中自尽。临终前，他派年轻管家把伊丽莎白召来，说：

“丽莎，我家不知咱俩婚约内情，对你诸多非议，请勿见罪。法律上，咱们是夫妻。我已立下遗嘱，将全部产业留给你。风槛一世，我深悟忍耐者活，反抗者死。革命之路布满凶险，不仅会受卫道者镇压，而且…… 生死殊途。有朝一日，倘若你遭遇不幸，别忘了另一个世界里还有人始终爱着你……”

伊丽莎白深感内疚，潸然泪下。想起在莱芒湖畔，上校因气候潮湿患肺炎，她日夜守候，不恤劳瘁。从巴黎归来，若不是托马诺夫斯基家族敌视，她本会给体弱的丈夫更多照顾的……

眼下，达维多夫斯基又是怎样一面魔镜呢？本诸风闻，让人捉摸不透。他生于富厚之家，然处境无异贫民。4年大学，自称反对沙皇，可又扬言革命可以不择手段…… 不久，伊丽莎白获悉达维多夫斯基曾与乌亭有联系，就寄书日内瓦。乌亭当即复信，说达维多夫斯基属于秘密会社“衷情公仆”，曾将一俄国富商灌醉，以诈取巨款，受害者的妻子叶赫麦耶娃于1871年8月向莫斯科法院检察官告发，全案尚待审理。晴天霹雳！她是否落入了强盗的圈套？

其时，巴赫蒂涅夫妇从苏黎世归国。巴赫蒂涅娃约伊丽莎白一同去圣彼得堡附近一少年犯教养院会见民粹派的“土地与自由”成员罗汶斯基，密商将车尔尼雪夫斯基从西伯利亚流放地救回。途中，初恋的姑娘向女友吐露了自己的烦恼。

“杜勃茨基也是‘衷情公仆’成员，”巴赫蒂涅娃说，“他的观点接近马克思博士。据我观察，伊凡英气溢于眉宇，是个真诚的革命者，沙皇检察官罗织罪名，企图加害于他。”

这之前，乌亭曾把伊丽莎白想“回家”的念头转告在伦敦的马克思及其妻女。可是，眼下春云冉冉，秋波已凝，如花女月满柔怀，情不可抑，立意与爱人风雨同舟，患难与共了。

伊丽莎白遂跟伊凡·达维多夫斯基同居，于1874年生下大女儿伊蕾娜，次年又有了二女儿，照车尔尼雪夫斯基《怎么办？》的女主人公取名为薇拉。正当非婚夫妻欢爱之时，沙俄当局以涉嫌“衷情公仆”暗杀法官斯拉维申斯基案为由，逮捕了伊凡·达维多夫斯基，将其解往莫斯科下狱。伊丽莎白深信伊凡无辜，为之鸣冤。她向巴赫蒂涅娃求援，恳请瑞士方面的朋友筹借3 000卢布，用于聘请律师。巴赫蒂涅娃致函在列日的乌亭，后者于1876年12月17日寄书马克思，细述端末。

说到这里，谢尔盖起身翻看他的旅行袋，从中取出乌亭致马克思信函的影印件，念道：“……伊丽莎热烈爱着丈夫，扬言若男方被流刑西伯利亚，她将随之前往……您是否能同恩格斯谈谈？他肯定会愿意帮助伊丽莎的。另外，还可求莫斯科大学法学教授科瓦列夫斯基，他是一位心灵高尚的人……”

马克思得乌亭书札，立即致函要从伦敦回莫斯科的科瓦列夫斯基。谢尔盖又指给我看另一份信函影印件：惊悉一位曾竭力为我党效劳的俄国女士在莫斯科付不起律师费……您认识达奈耶夫先生……他是在莫斯科可找到的唯一会承办此事的律师。如果您能以我的名义仰恳他怜念我们那位处境艰危的女友，我将不胜感激。

出于其妻苏菲娅同伊丽莎白的久远情谊，科瓦列夫斯基一回莫斯科就奔走于法律界，终于请到托马切夫斯基当律师，出庭为达维多夫斯基辩护，揭露莫斯科法院预审法官诱供和制造伪证的行径。伊丽莎白亲自出庭，凛斥法官的卑鄙图谋。莫斯科城一家报纸描绘道："这女子心胸坦荡，声调昂奋，言辞富有说服力……"然而，阴霾厉风，冻云飞雪，沙俄衙门祁寒逼人。尽管检察长理屈词穷，法庭最后还是判定达维多夫斯基为"刑事犯"，于1877年3月流放西伯利亚。

"丽莎，别顾念我了！"伊凡悲观地说，"你还年轻，何必自苦！把两个孩子交给我母亲，另奔前程吧！"

"别绝望，伊凡！"伊丽莎白承约已坚，回复道，"咱们这就结婚。我领伊蕾娜和薇拉跟你到天涯海角！"

伊丽莎白真的跟达维多夫斯基正式结婚。她等对方在叶尼塞省纳扎罗夫斯克村流放地安置下来，就不惮遥途之苦，于1879年初夏陪同婆婆，领着两个女儿向中西伯利亚进发。作为"志愿者"，她们跟一队政治犯上路，从莫斯科乘火车去下诺夫哥罗德，上车时得接受当局的行李检查。

"女士，您这鼓鼓囊囊装的都是什么？"一个宪兵酒气熏天，恶狠狠地问道。

“都是些书，有马克思的《资本论》，还有……”伊丽莎白心知免不了查看，干脆直截了当地回答。

“拿别人的资本去投资？嗯！倒是个妙法儿。”宪兵懵懵懂懂，讪笑说，“不过，您这也是竹篮子打水，去西伯利亚那鬼窟还想发财？能活着回来，就得感激圣主了！”

那时，西伯利亚大铁路未筑。在下诺夫哥罗德下车，行者得乘船，等过了托木斯克，就只有舍舟而陆了。沿途一片荒凉，要走下去，需要人的关怀。然而，受难者中也等级森严，伊丽莎白必须同一群面目狰狞的刑事惯犯并肩走在队列前头，受政治犯妻女们的嘲笑。瞧！她就是“衷情公仆”的婆姨呀！当母亲自己也迈不开步子，而小伊蕾娜和小薇拉哭喊“妈妈抱抱！”时，没有任何人向她们母女伸出友谊之手。除了婆婆的悯抚外，关注她的，就只有解差淫邪的目光了。深入西伯利亚腹地，这一行人开始穿越一片片茂密森林。充军的革命者被允许去采撷野花，拿回来献给甘愿为革命牺牲青春的淑女们。可是，没有人给伊丽莎白送花。

“妈妈，咱们哪天能找到伊凡呀？”小薇拉抬起蓝莹莹的眼睛，天真地问母亲。

“快啦，孩子！到阿钦斯克，再走一百里地就到纳扎罗夫斯克村了。爸爸在那边等咱们哩！”

言罢，伊丽莎白抬手掠了一下她长长的柔发，用力抱起薇拉，牵上伊蕾娜，拖着像灌了铅似的双脚，继续挣扎前行…… 越数月，经过艰难困苦的长途跋涉，伊丽莎白终于带着两个孩子来到了伊凡身边。

达维多夫斯基在阿莱伊斯克镇旁的埃莫里雅诺沃村落安家，木屋筑在叶尼塞河支流卡恰河畔一片杉林边缘。远方，天垂野阔，加伊逊斯基山脉峰峦叠嶂，寒烟漠漠……一俟新家安置完毕，伊凡的老母就回圣彼得堡去了。一切家务皆由伊丽莎白操持处理。她含辛茹苦，每日黎明即起，喂牛挤奶，给马备料，还得帮丈夫干地里活，教两个可怜的女儿识字，忙碌累日，一时将革命理想深锁于梦想幻灭的破抽屉里。每天傍晚，她抽闲时到村口瞧那些下工返回宿地的苦役犯，听他们拖着脚镣低咏：

你们悲惨的工作和思想的崇高意向，
决不会就那样消亡……

这是普希金的《致西伯利亚的囚徒》，十二月党人奥陀耶夫斯基曾和曰：

我们悲惨的工作不会就这样消亡：
星星之火会发出熊熊的火光……

触景伤情，泪湿芳姿。伊丽莎白多想加入受难斗士的行列，跟他们一道吟唱：

沉重的枷锁会掉下，
阴暗的牢狱会覆亡……

一夕，她赴阿莱伊斯克镇附近流刑犯宿营地的茶炊，悄悄听那里人谈话：

“听说法国对巴黎公社社员实行大赦了。”

“有伊丽莎白·德米特里耶娃的消息吗？”

“前年被凡尔赛当局驱逐出境，亚历山大二世的警犬正在搜寻她。”

“咱们这个美人儿去巴黎一趟，可把法国佬搅得神魂颠倒，成了他们的自由女神！”

说俏皮话的流放犯没发现暗处站立着一个农妇，又压低声音道：“今年初，卡尔·马克思写信给薇拉·查苏利奇……”

马克思！一听这名字，伊丽莎白思绪泉涌：倘若我在国外，“摩尔”一定会来信的，可现在我流寓遐荒朔漠，羁轭难脱，无人一指迷途……回俄国以后，伊丽莎白对亲生母亲都绝口不提曾参加巴黎公社一事，此刻却忘记了谨守言诫，插话说自己曾向马克思汇报过巴黎公社情况。

“勇敢的女社员，您不怕我们中间有人向当局告密？”一个较早来流放地的青年政治犯揶揄道。

另一个囚犯用手铐敲敲脚镣，淡然一笑，说：“诸位，别听这女人胡扯了！她神经有些不正常。不然，大黑天跑到咱们营地干什么！”

暮夜既归，伊丽莎白在河边木屋里抱头痛哭。红愁绿惨，伊凡木然无言。过了几天，村里传来亚历山大二世被暗杀的消息。伊凡还获悉，是被囚禁在阿列克西要塞的涅恰耶夫通过卫戍兵与秘密组织“人民意志”联系，策划了此举。事发后，“人民意志”成员全遭逮捕，热利亚博夫和索菲娅·佩罗夫斯卡娅等5人被处绞刑。阿列克西要塞30名戍兵和4名宪兵因暗通涅恰耶夫上了军事法庭，涅本人则被打进地牢。“刚回国时，我也曾一度热衷于鼓动刺杀沙皇，”伊丽莎白对丈夫说，“可渐渐发现，直接行动只能破坏，无法建立真正的新秩序……”

夜阑灯驰，风雪渐烈，万物被黑暗吞没。

1887年11月21日，涅恰耶夫身患坏血病，饿死在西伯利亚的阿列克西要塞监狱，卒年40岁。他的死讯传至阿钦斯克。精神上受打击的首推伊凡·达维多夫斯基。自兹以后，他堕入虚无心境，更沉默寡言了。荒村冷落，伊丽莎白形孤影只，渐渐不再外出。

一日，风雪漫天，忽有人叩门甚急：“丽莎·卢基尼奇娜！丽莎·卢基尼奇娜！”

卢基尼奇娜，意为“卢卡的女儿”。奇怪！谁会呼她少女时的名字？伊丽莎白忙去开门。

“卢基尼奇娜！我就不进屋啦！解差还在那边看着呢！”一个被押的囚犯粗声道，“听说您住这儿，想来见最后一面！”

透过那广颐浓须的面庞，伊丽莎白忆起父亲领地上一个叫尼基塔的小农奴。

“您怎么也……”伊丽莎白急问。

“我参加了‘土地与自由’运动。莫斯科大学生卡拉科佐夫行刺沙皇陛下未遂被绞死，穆拉维约夫将军下令全国大搜捕……我几次越狱，到底没能逃出西伯利亚，现被解往东部关押。还有萨金，他暂关在克拉斯诺亚尔斯克监狱。”向慕伊丽莎白美貌的尼基塔犹豫一下，又说，“请您原谅，我心里早就爱上您了。一个农奴爱上老爷的小姐，妄冀非分。然而，默默的爱给了我幸福……”

“喂！别磨蹭，该走啦！”解差大声催促。

告别的一刻，伊丽莎白紧紧地拥抱了他们家族原先的农奴。转瞬间，尼基塔湮灭在狂卷的白雪中…… 萨金！对呀，萨金能证明伊丽莎白参加过巴黎公社！一念及此，她死灰复燃，于次日赶至克拉斯诺亚尔斯克城关萨金的地方探监。不幸，萨金是沙俄当局通缉的谋反要犯，自1876年在国境线上被抓来以后，一直不让任何人会见，伊丽莎白自然也遭到拒绝。

云移月暗，一时光亮闪现，转瞬就冥灭了。伊丽莎白又回到孤立环境。光阴的流逝、艰难的生活侵蚀着达维多夫斯基夫妇的关系。曾过欲海，日久爱弛，两人连话也愈来愈少。伊凡为周围农民效劳，博得了众人好感。为改善家庭物质状况，他弃农进森林办松脂厂，后又去勘探，发现了科尔钦斯克煤矿，整日在外忙碌，很少回家看望妻女。寄身绝域，伊丽莎白经常一个人静坐在卡恰河边石上，凝视流水行云，时而移目银色的白杨和紫红的山毛榉，倾听空林鸟语，深吸凉风吹来的树脂清香。也不知从何时开始，这位热血女性每礼拜日去埃莫里雅诺沃教堂望弥撒，敬听神甫布道，不辟其谬，反觉愈玄愈奥。她甚至买了几尊圣像，在家中供奉，可圣主并没给伊任何启示。为度穷愁，伊丽莎白买了天文望远镜和有关星座的书籍，凭之仰观天象，朝无垠的星空探寻，寄情于铺天繁星，似波非波、似浪非浪的银河，愿逐彼此争辉、神话颇多的昴星云团，从中觅芳拾翠。

人说，凡眼能见的七星座为七姊妹。通常，只有六位姊妹露面，七仙女墨洛珀与凡人谈恋爱，躲起来了。世人皆以为她从爱情里汲取了幸福，谁知道她失落的隐痛？还是大姐玛雅命运稍佳：她虽遭天后嫉恨，但变成星星，远离奥林匹斯山的纷争，得到了永恒的安宁。有时，伊丽莎白把注意力转向距离地球几十万公里的月球。远看，月亮多么光洁，可那上面连水都没有，所谓“梦沼”“云海”“风暴洋”皆是干燥的荒原。这个神秘的天体，不过是地球的映象，其美貌实为人对尘寰失望，而另去追求的幻觉……

韶光荏苒，岁月如流。随丈夫来西伯利亚，寒舍息影，不觉蹉跎廿余载，两个女儿都已长大了。母亲病时，伊蕾娜和薇拉常请阿莱伊斯克镇上一位叫玛利亚·瓦莱西乌克的民粹派女护士来家——后者屡听女主人叙其自身经历。30年后，历史学家维特洛夫采访玛利亚·瓦莱西乌克，她回忆："伊丽莎白天生丽质，秀骨姗姗，近47岁，仍琼蕤玉蕊，犹似往时。不过，这女人处境孤独，十分可怜。她似乎总想显示其自身的价值，说自己曾同卡尔·马克思相识，参加过巴黎公社。认识她前，我就听政治犯们说此妇来历可疑，总以为她的缅述皆属天方夜谭，殊不可信。每念前事，我懊悔不迭，当初不该那样动疑……"当年，玛利亚·瓦莱西乌克曾告诉伊丽莎白一个消息。

"您不是认识马克思的小女儿爱琳娜吗？报上说她服毒自杀了。"女护士说。

"什么时候？为什么？"伊丽莎白为之一怔，急切追问。

"今年4月，她吞了丈夫艾威林医生买回家的毒药。"玛利亚回答，"他们同居多年，但一直没办正式结婚手续。艾威林假惺惺待她，背地却用假名娶了一个名叫艾娃·弗里的女演员，急需钱用，见恩格斯故世，他对爱琳娜说，若对方不给他钱，就要将弗里德里希的身世公布于众。唉，人情翻覆，一至于此！"

"可怜的杜西！她遇人不淑，是绝望而死的呀！"伊丽莎白心痛欲裂地呼喊，泪水扑簌簌淌下，沾湿了衣襟。哀思最切月暗时，一回屈指一凄然。伊丽莎白眼前又重现有一双乌溜溜亮眼睛的小杜西。这姑娘天真无邪，先恋上利沙加勒，遭父亲和劳拉夫妇激烈反对，拖了10年，有情人难成眷属，现又落入艾威林圈套，为之轻生。天下惨事，莫过于此。哦！小杜西多么热爱生活，待人多么热情，可曾几何时，花谢水流，命运对她竟如此冷酷。往事已矣！联想自身，厥志未遂，落拓荒野，竟无一知己，无一人可语，俱为夜空流星。阴气森寒，日复一日，年复一年，她与伊凡的关系也境过情迁，日趋冷漠，竟至无可挽回的地步。双方都很沮丧，亦不无深感，可均自认没有回天之力。花飞云散，何处去寻那初次邂逅，风生胸臆，气欲凌云，高逸的伊凡？而今，残花飘阶，恋人炽热的目光和火一般的初吻，一切的一切，都永远消散了。显然，她误认了伊凡。人的一生中，难道还有比这更大的自误，比这更难以挽回的过失吗？……

1898年10月，伊凡·达维多夫斯基最终得到赦免，重享公民权。从此，他可以在西伯利亚地区范围内各处走动，更自由地从事采矿业了。不料，尚未摆脱受难的阴影，又飞来一场横祸，伊凡在离克拉斯诺亚尔斯克不远的纳赫瓦莱斯克勘探新矿，煤矿突然起火，给当地造成严重危害。当局不懂泥炭自燃现象，拟以“毁坏国家资源”罪名拘捕探矿人。祸蹈不测，殃及妻女。旦夕灾难，全家陷入绝境。伊丽莎白还要当多少年刑事犯家属？人非草木，谁甘与烟霞终古？为了两个孩子，也该走出这无底冰窖了。伊丽莎白克服种种犹豫，下决心领女儿离开西伯利亚，踏上归路前她办理了离婚手续。伊凡对此表示理解，也觉得这是走出困境的唯一途径。何况，他对这个无法改变的世界已无所希冀。尘心已断，就孤身埋进矿务。一人担风险，反倒轻松。当然，劳燕分飞，如此这般收煞，难免给双方心灵留下伤痕，只有让一切都沉醉于麻木，竭力不去触及。

物换星移，四分之一世纪之后再束装就道，已是世异势殊。西伯利亚大铁路修通了，从克拉斯诺亚尔斯克经过，送来了工业纪元的信息。伊丽莎白不愿意看家乡人的冷眼，径往莫斯科定居，在该市《莫斯科贵族通讯录》上刊名，恢复了库舍列夫家族姓氏。此举旨在给两个女儿争取受教育的机会，没想到尔后竟招来杀身之祸。未及一载，孤鹤自霄飘下，垂杨引来暮鸦。女护士玛利亚·瓦莱西乌克高髻淡妆，突然造访伊丽莎白在莫斯科的新居，带来伊凡·达维多夫斯基失踪的消息。

“为纳赫瓦莱斯克煤矿起火一事，警方最后决定逮捕伊凡。”玛利亚进屋坐定说，“他闻讯于当夜逃走，再没有回来。”

“警方抓到他了吗？”伊丽莎白心慌地问道。

“没有。”玛利亚悲怆地回答，“阿莱伊斯克盛传，布里亚特土著渔船在贝加尔湖遇风暴覆没。湖岸发现两具布里亚特人尸体，其他人均不见形迹，其中有个刚去部落藏身不久的俄国人……”

伊丽莎白闻之，甚觉自悔，不禁泪流满面。两个女儿投入母亲怀抱，失声恸哭。天之逆人，坎坎何极！凶恶的沙俄制度终于把一个孤立无援的愤世者逐到了贝加尔湖底。对于伊凡之死，玛利亚·瓦莱西乌克时过犹悲，使人猜想：这位女护士是否对伊凡产生爱恋，在伊丽莎白出走后感情明朗化了。总之，有一种感情共鸣将她与伊丽莎白愁绪相连，使她成为马克思“四女儿”暮年凄景的见证人。

“伊丽莎白与两女相依为命，生活于一个家具简陋的两居室中，绝少与外界交往。”玛利亚对维特洛夫说，“大女儿伊蕾娜在埃塞尔学校学簿记，二女儿薇拉进了斯特罗加诺夫美术学校。她们3人以装饰玩具，给糖果商制作包装盒为生。母亲和伊蕾娜画图案小样，最后由薇拉完稿。伊丽莎白的卧房里挂一遮帘，一分为二，外边当作坊，里边用作饭厅和供母亲憩息。3人每日劳作至深夜，所得仅够糊口度日。”

伊丽莎白沧桑阅尽，不再找人证明自己的历史。她听说乌亭回国，亦未主动与之联系。再说，当年那么热衷于追随马克思的乌亭，回俄国后就向沙皇投案自首，哀求暴君宽恕，得到赦免。一时间，革命真成了乌托邦。至少，革命者各自星散，揭竿再起的日子似乎相当遥远了。

突然，1905年12月，莫斯科爆发工人起义，全城纷筑街垒，经过9天激战，又被血腥弹压下去。伊丽莎白被最初几声枪响惊醒，心似炽炭，以为群众定将沙皇专制扫荡。继之，她眼见沙皇从圣彼得堡调来一支又一支军队，仿佛又看到巴黎公社的“流血周”，精神再次遭受到难以愈合的创伤。我现想来，她是从那时开始伏案迅笔，抑郁之慨，悉寓于文。她连续数年究竟写的什么？日记？回忆录？自传？这一切，可能只有伊蕾娜和薇拉晓得。可是，十月革命后，谁也不知道这两位姑娘及其老母的下落……

列车向莫斯科疾驰。夜深了，可我和谢尔盖却无倦意。

“要能找到德米特里耶娃积年所写的手稿就好了。”我不无遗憾地表示。

“1927年1月2日，维特洛夫在《消息报》上刊登启事，希望伊蕾娜和薇拉见报立即同他联系，但没有回响。”谢尔盖说，“一年后，他又在几家大报上做了同样努力，亦无结果。为了我们家乡沃洛克村的纪念馆，我也寻找多年，一直不见伊丽莎白的腕痕笔意。据我估计，如果她的这部分笔记没被销毁，便很可能沉睡在莫斯科的哪座档案库里……”

莫斯科！莫斯科！梦中的城啊！我明日一到，会看见怎样一个莫斯科？那里的人们还会以多大兴趣，从怎样的角度来看待巴黎公社，怎样对待参加过这一历史运动的俄国儿女？

1991年盛夏，莫斯科

“您好！”塔玛莎在车站含睇微笑，向我伸出热情的手，欢跃地说，“法国代表乘飞机上午已经到达。”

同苏联女郎阔叙别来之情，全忘趱程劳顿。傍晚，塔玛莎陪我和法国代表——历史学家克洛德·维拉尔、工会活动家让·勃莱尔漫步红场，见一切静悄悄的，看不出整个国家动荡的迹象。不知为何，塔玛莎却说9月份会发生政变，也许此刻正是风雨来临之前的沉寂吧！

“这是根据列宁意向立的石碑，”塔玛莎指着面前的一座高碑，介绍说，“旨在纪念那些对人类进步做出卓绝贡献的思想家。”我仰面一看，大吃一惊。那碑上不仅有圣西门、傅立叶、托马斯·莫尔等空想社会主义先驱，还刻着蒲鲁东、巴枯宁、克鲁泡特金、拉甫罗夫、爱德华·瓦扬，而后几位全被正统的“马克思主义理论权威”视为魔鬼……翌日上午，塔玛莎安排我们参观列宁博物馆的“巴黎公社展览”，我看到了德米特里耶娃的照片和巴黎公社失败后留存下来的最后一面红旗。

“当年，法国劳动群众委托莫斯科苏维埃保存巴黎公社这最后一面红旗，但附有一个条件，即一旦法国实现人民主权，就要归还给我们。”勃莱尔对博物馆馆长说。下午开始的“巴黎公社国际讨论会”上，勃莱尔提出要从苏联取走巴黎公社的红旗。一听此言，苏联诗人库什果凛矢幽洁，说：“十月革命的儿女绝不会放弃巴黎公社的理想，请法国朋友释念。”现今，莫斯科仍有像库什果这样的理想主义者，他们始终认为1871年生机勃勃的芽月，表明人类确曾真正体验了生活…… 还有年轻美貌的塔玛莎，她像昔日的伊丽莎白·德米特里耶娃那样走上讲坛，轩昂陈辞：“关于巴黎公社红旗，法国朋友不必忧心。我们会不惜一切保护它的。为此，我提议在莫斯科成立巴黎公社之友协会，让更多的人集合在人民主权的旗帜下。”

心诚境辟，塔玛莎的创议慰人渴衷，立刻赢得满座掌声。接着，一位年轻的苏联历史学者登台强调：“巴黎公社是人类历史上一个人民的、一个没有脱离人民的、一个没有把自己的利益置于人民之上的真正的民主政权。正是它建立了真正的民主机制，为实现国家消亡迈出了决定性的一步。”寥寥数语，天下兴亡得失，论述得多么透彻。最后，苏联著名巴黎公社专家曼弗莱德的夫人深情地说：“我们不是要继承历史的灰烬，而是要从中取火，来照亮人类前进的道路。”晚宴时，诗人库什果说他要去阿塞拜疆一个异常富庶的农庄，参加那里的“巴黎公社大道”命名典礼，发展巴黎公社之友协会。我和塔玛莎则跟曼弗莱德夫人谈起德米特里耶娃的家世。

“伊丽莎白的父亲卢卡·库舍列夫是普斯科夫地区一个大地主的三少爷，早年从戎，与拿破仑率领的法军作战，1814年跟哥萨克骑兵冲进巴黎。”塔玛莎介绍她新近搜集的情况，说，“卢卡·库舍列夫成了沙皇最宠幸的军官。亚历山大一世亲自为他主婚，娶富有的安娜·巴克迈特夫为妻，继而被派往意大利战场。库舍列夫在异邦得了病，回故乡沃洛克后死去。历史嘲弄了这个顽固的旧贵族。咽气时，他万万没想到自己的亲生女会去巴黎支持革命党。伊丽莎白的母亲有立陶宛血统，在卢卡·库舍列夫家当看护，被主子霸占。”

“这是一位贤淑的妇人。”曼弗莱德夫人接着说，“伊丽莎白刚7岁，母亲就为她请了一位德国女家庭教师教她钢琴，不久由女孩儿的表哥穆索尔斯基接替。穆索尔斯基长着一对金鱼鼓眼睛，非常喜欢表妹，常带她去低矮的农舍听古老民歌，感受民间疾苦。”

“开完会，咱们去沃洛克村，情况会了解得更具体。”塔玛莎说，“过一会儿，南郊有个营火晚会。我们要具体讨论成立巴黎公社之友协会事宜，然后在《真理报》上发一则正式消息。”5月30日，《真理报》果然刊载出莫斯科成立巴黎公社之友协会的新闻。目睹塔玛莎一展志略，我赠诗于她，今录末节：

当许多人悲观，
许多人颓唐，
您却奔波道途，
像当年的伊丽莎白姑娘。
一边，迷醉于《跟麦当娜上床》[9]，
一边，渴求社会革命的理想。
哦，丽姝塔玛莎！
您又点燃茨冈的篝火，
在那莫斯科郊外的晚上……

1991年6月初，沃洛克村

从下诺夫哥罗德城向南，舍坦途而就僻道，其路坑洼，殊觉艰难。行至一片红杨和冷杉斑驳的森林，就到了德米特里耶娃的故乡沃洛克村。远远望去，绿茵茵的草地上散落着用圆木搭筑的矮房，涂成黄、红、蓝等各种颜色。

“欢迎你们！”谢尔盖践约候于路侧，我和塔玛莎执手道故，“我哥哥年迈，在纪念馆等你们。”

言毕，东道主为我们领路，走过一个隆隆作响的锯木厂，开始介绍："这儿是新村，总共几十户人家。瞧！前面一个小丘，绕丘蜿蜒流淌的是塞里奥加河。伊丽莎白幼时常在那河边同兄弟嬉戏。后来，她哥哥亚历山大在河上修了眼下这座小铁桥，走过去就是旧村，原先库舍列夫家族的住址。"

过桥寻迹，走进百年老橡树林，遇到一泓湖水，波光粼粼，似映出伊丽莎白的倩影。湖畔坐落几间农舍，屋前摊着干草，一群绵羊咩咩地叫着。

"伊丽莎白原来住的木屋就在那边。"谢尔盖指着塞里奥加河畔的草坡说。

顺着谢尔盖所示方向，我见那花园一片绿芜，中央孤立一木顶红色木房，绕以蓝色栅栏，非其他农舍可仿佛。

"我哥哥在法国教了几十年俄语，用积攒的钱盖了这座'伊丽莎白·德米特里耶娃纪念馆'，"谢尔盖颇有感触地说，"咱们快去吧！他可能等急了。"

万绿丛中一点红！靠个人劳作为同乡建造纪念馆，我平生还是第一次耳闻目睹。而人间晚晴，终不以尘世荣枯扰其胸臆，也是唯利是图之辈难以理解的。米哈伊洛夫寿逾八旬，白发皤然，风骨遒爽，特意在纪念馆门口伫阶相俟，与来客殷殷握手。

“今此一隅，仅两间木房，放着我和谢辽沙多年搜集的照片和资料。”老人延纳我们，亲自为我们讲解，“这是1871年4月12日在巴黎出版的《社会革命报》，刊载着德米特里耶娃等人起草的一份号召书，即‘巴黎妇女同盟’的成立宣言。”米哈伊洛夫指着墙上用镜框镶起来的一份法文旧报纸说：“这是原件，系由塞纳河左岸盖奈格街一位旧书商奉送。后来，他还送我有关德米特里耶娃的相片和几份巴黎公社社员给马克思的信函复制品。你们看，都在这边！”

说着，老人把我和塔玛莎引向邻墙，指给我们看其上许多图片资料。另一间木屋里，摆着米哈伊洛夫请人雕刻的德米特里耶娃胸像，旁挂一幅相当大的油画。“这幅画是我专门请人照莫斯科马恩博物馆的一幅藏画仿绘的。”米哈伊洛夫说，“瞧！伊丽莎白在书房跟马克思讨论俄国的农村公社问题……”

纪念馆里存放着库舍列夫家族的照片，以及家族曾用的座钟和晴雨表。依据这仅有的一些遗物，米哈伊洛夫老人慢慢追叙起伊丽莎白的家史。伊丽莎白的父亲卢卡·库舍列夫经常鞭笞农奴，其母纳塔丽雅则悄悄为遭丈夫毒打者包扎伤口，还为穷人治病，被四邻誉为“圣女”。但是，她的善行无法消除农奴对地主老爷的仇恨。1865年秋，一群恨填胸臆的农奴手执利斧，乘黑夜闯进卢卡的寝室。听到一阵阵叫嚷，本来夜枕难安的纳塔丽雅赶紧离开她那间仆妇卧房，挤开人群冲到卢卡床前，伸双臂保护吓得脸色苍白的老爷。她对袭击者大声喊道："你们先杀了我吧！"在农奴眼里，纳塔丽雅是穷人的"守护天使"。见这女人如此抵抗，他们顿时不知所措，放下了斧子。经过一番激烈争论，为首的农奴对纳塔丽雅说道："看在您面上，我们这回饶了这个恶棍，让圣主诅咒他吧！"人们纷纷散去，一片吵嚷声中，有的咒骂泄愤，有的责备为首农奴心软，但谁也不愿在纳塔丽雅面前动斧溅血。人群纷离时，从梦中被吵醒的伊丽莎白鼻子紧贴窗玻璃，见袭击者中间有经常逗她乐的小伙子米沙和跟她一块儿在野地玩耍的顽童萨沙，后者才8岁，是跟着他爹爹来的。

"他们为什么要杀我爸爸？"惊恐之余，刚满5岁的小姑娘心里想。为替丈夫赎罪，纳塔丽雅办了一所孤儿院，收容农奴子女。15岁时，伊丽莎白仿效车尔尼雪夫斯基著作《怎么办？》的女主人公薇拉，拟办一个"集体磨坊"，使农民免受中间剥削。她主动为其贵族家庭负疚，末了还是难免为之殉葬……谈到这场悲剧，米哈伊洛夫骤增悲怀，似不愿触及细里。若说他过去一直噤若寒蝉，那么今天开口，则再不会因“泄密”而遭受迫害，至少在他的国家里已是这样。西伯利亚冰雪解冻后，不止一件秘事使天真的人们看到了太阳的黑洞。

1955年，《苏联研究》载文说，伊丽莎白·德米特里耶娃去西伯利亚后不久就故世了。此说一度流行，其实是将马克思的“四女儿”提前30年“活埋”了。事实上，德米特里耶娃并没有倒在沙皇的压迫之下，她熬到了1917年二月革命，又目击当年10月布尔什维克从莫斯科郊区炮轰克里姆林宫的场景。已经老迈的她蹒跚上街，拉着两个女儿，欢呼人民革命的胜利。她欣喜之至，因为十月革命是按照马克思的理论获得成功的。“摩尔”、燕妮、劳拉，还有痴痴为工人解放竭尽全力的杜西，他们一家若能看到俄国的巨变，该多么快慰呀！

接着，伊丽莎白·德米特里耶娃谴责卡普兰暗杀列宁，期望苏维埃政权能在一场殊死决斗中巩固，真正实现人民主权，完成巴黎公社的未竟之业。就在这时，“红色恐怖”开始了。契卡搜捕一切可疑之人，尤其不放过旧贵族中的虚无党和民粹派。一天夜里，伊丽莎白与一直守在她身边的两个女儿突然被契卡逮捕。

“你这库舍列夫家族的余孽，与库罗帕特金究竟什么关系？”契卡提审员逼问坐在对面的德米特里耶娃。

“他是我表哥，年轻时常来往，现多年失去联系。”伊丽莎白坦然回答。

“你知道他成了什么人物？这次世界大战俄军北线统帅！”

“他年轻时散发过虚无主义运动反沙皇的传单。”

“虚无主义者是一群地地道道的反革命！”

“他们曾是反对沙皇暴政的主要力量。薇拉·查苏利奇、艾玛·戈德曼都是非常勇敢的革命者……”

“胡扯！告诉你，少在这里废话！今天虚无主义分子统统变成了社会革命党！他们炮轰克里姆林宫，妄图武装占领莫斯科。现在要彻底肃清一切反革命。你懂吗？要老实交代你跟社会革命党的关系！你为他们策划暴动都干了什么？”

至此，伊丽莎白方通其意，想到自己又陷厄境。

“同志！我虽贵族出身，”她为自己辩护，“但1868年秋在日内瓦加入国际工人协会俄国支部，1870年冬赴伦敦会见卡尔·马克思，数月亲承其说，并由他指派为通讯员去巴黎公社……”

听对方所叙诸事，备悉分明，提审员顿处无可奈何之势，放缓语气探问："女公民，您是说……您见过革命导师马克思？"

"是的，他把我当亲女儿看待，还介绍给恩格斯……"

"慢着，慢着！女公民，您稍等等……"提审员吞吐起来，示意记录员暂停，自己走了出去。

过了一会儿，一位负责人在提审员陪同下闯进来，劈头就问："你说见过马克思，可有凭证？"

"有他和海尔曼·荣克给我的信函。"

"在从你家搜出的那堆材料里？"负责人皱皱眉头追问。

"不，走上公社街垒前夜，我把所有信函和主要文件都烧了……"

"得了！你还会编什么故事？"契卡领导人嘲笑道，"这么说，我们应该立即报告列宁同志，请他给你颁发一枚革命女英雄勋章？"

"我看这女人说的就是邪乎！"提审员附和上司，转向伊丽莎白说，"我们布尔什维克是马克思主义者。所以，你自称马克思的女儿，对吗？"

"马克思见了盖得[10]，曾经明确声明他自己不是'马克思主义者’。”伊丽莎白坚毅反驳。

“这是社会革命党和孟什维克的谬论！”契卡领导人动怒道，“我们从《莫斯科贵族通讯录》查到你们母女。还是老实交代你们的同党！否则，我就下令把你们枪毙！连你两个女儿一起处死！”

这后一句话像尖刀般刺中了伊丽莎白一颗衰弱的心。她急得哭喊：“你们可不能杀我的女儿！她俩从没有过贵族生活，跟我去了西伯利亚……”

“《莫斯科贵族通讯录》上明明有她们俩的名字。不是你亲自登录的吗？怎么，现在后悔了？”契卡领导人提高嗓门儿训斥道，“听着！你们这一群贵族混蛋，哪个不是喝农奴血汗长大的？老实说，杀了哪个也不冤屈！”

看来，伊丽莎白要为以往的谨慎，为昔日一念之差付出惨重的代价了。库舍列夫家族原先的小农奴萨沙在契卡工作，他从提审员处得知伊丽莎白和其两个女儿的情况，赶紧来到监禁她们的牢房。

“卢基尼奇娜，还记得我吗？萨沙……”

“萨沙？”伊丽莎白失神地重复这个幼时呼惯了的名字，苦切恳求，“快救救我的两个女儿伊蕾娜和薇拉！萨沙，你可以做证，她俩从未在库舍列夫家族生活过。”

坚强一世的德米特里耶娃突然软弱下来，伸手拉住两个女儿说："孩子，你们过来给萨沙大伯跪下，求他救你们出去！"

"大伯，您救救阿母！她是最慈爱的人！"伊蕾娜跪在萨沙面前，牵衣哭诉，没意识到她和妹妹也面临死亡。

"您行行好，把我妈妈救出去吧！"可怜的薇拉跪抱萨沙双腿，呜咽道，"我一定报答您的恩德，一辈子服侍您老人家！我什么苦活儿都能干，还会……还会画画……"

"你们别哭！我马上就去市苏维埃找米沙。"萨沙掩泪道，"卢基尼奇娜，您还记得米沙吗？他得伤寒，还是令堂救治的。他了解您，他一定会请求市苏维埃干预，来保你们母女三人出狱的！"

"我老了，只求葬身之地。救救我这两个女儿。她俩无端跟我受了许多苦楚，还没有真正开始生活……"伊丽莎白冀于萨沙，最后哀求道。

萨沙走了……带着仅存的希望。天渐渐暗下来，更显出月亮从囚室窄窗映将入来的几缕微光，吸引着母女三人的视线。她们似乎没有注意看守人送来的几块黑列巴，没想到这就是她们的晚餐……最后的晚餐！

"米沙大叔心地善良，一定会赶来看咱们的！"伊丽莎白对女儿说，“我会求他保你们俩出狱，这是不难做到的。”

“我们要跟妈妈一起走！”伊蕾娜和薇拉不约而同地说。

“怕不行了，局势紧张，他们甚至不会再给我时间。现在最急的是，不能累及你们俩受牵连……”伊丽莎白没有往下说，不愿让自己的悲观感染纯洁无邪的两姊妹。

“我去找沃洛佳！”薇拉脱口而出，“他是布尔什维克，能够救咱们。”

听到这话，伊丽莎白怔住了。她还是头一次听见薇拉以这样亲切的口吻谈一个男子。

“谁是沃洛佳？他怎么能解当下之危？”母亲惊讶地问。

“他……”薇拉发现自己情急失言，支吾起来。

伊丽莎白见小女儿面颊泛起绯红的羞晕，已经猜到几分，急切地问：“他是谁呀？你为什么从来没有对妈妈说过？”

“他是喀琅施塔得要塞的水兵！”伊蕾娜见妹妹窘迫，赶紧为她解围。

“你也知道？可为什么你俩都瞒着我？”

“妈妈不让我们……薇拉她怕……可是她对我说了。”伊蕾娜辩白道，“沃洛佳是去年最先冲进冬宫的水兵……”

“原谅我，妈妈！我现在说，全告诉你吧！”薇拉过来拉着母亲的手，自己说道，“我是今年夏天刚认识他的，就是我去圣彼得堡的那次。我们在涅夫斯基大街相遇……我向他问路，两人目光相触，一下点燃了心里的火花，接连几天晚上一起在涅瓦河畔散步。我想到妈妈的告诫，可欲罢不能。离别的前夜，他……”

“他怎么……”母亲焦急地追问。

“他……吻了我。回到莫斯科，我都对姐姐说了。”

“妈妈，薇拉在恋爱！”

恋爱！这样清爽的词却似重锤一般落在伊丽莎白的心坎。要是没有这两个女儿，她也就可以无所顾恋地离开人间了。可是，薇拉在恋爱，在向往生活的幸福！多少年来，她严厉管束女儿，最终也没能关住爱情的春光。一生中，伊丽莎白最不忍看的，就是初春的残花，冷雨中的落红。看到眼前的境况，她一阵心疼，把薇拉紧抱在怀里，轻抚小女儿额际的金黄发绺，一边低声说：“妈妈相信你的选择，一切都会好起来的，要顽强地活下去。”

“伊蕾娜，你要好好关照妹妹！”她又转向大女儿嘱咐道。

伊蕾娜哽咽着点头让母亲宽心，接着自己也前来偎依在母亲怀中…… 这样，伊丽莎白和两个女儿紧偎在一起，抵御着窗外袭来的阵阵夜寒。自被捕以来，她们几夜难以合眼，到此时再也熬不住，相继昏沉过去。也许是回光返照，伊丽莎白又梦前尘，仿佛回到了孩提时的光景。

当小丽莎破蒙，睁眼观看这个世界的时候，面前是父亲卢卡怒吼着挥鞭轮流抽打给他当奴隶的100多个“魂灵”，其中有34个是刚学徒的孩子。夏末晴日，小农奴尼基塔在木屋前劈柴，见丽莎姑娘跟表哥穆索尔斯基从一旁经过，被烂漫似红玫瑰的东家小姐吸引，一时看呆了，不禁搁下了手中的斧子。

“小畜生！你又偷懒，不老实干活儿。”正在花园里巡视的卢卡咆哮着冲上去，猛朝尼基塔的脊背狠抽一鞭，怒声呵斥。

见此情景，出来时满面春风的丽莎立刻面色惨白，急忙奔过去，紧拉住父亲粗壮的胳膊，不让他再扬鞭。同时，在马厩喂料的米沙和小萨沙也停止劳作，跑过来一齐给卢卡下跪，苦苦为受鞭打的小农奴求情。“老爷，尼基塔年幼不懂事，您就饶这小家伙一回。他下次绝不敢再怠惰了，我愿担保。”米沙一边向主人乞求，一边教训尼基塔，“你记住了吗？还不快给老爷跪下！”

小农奴正痛泣哽咽，见米沙和东家小姐荫庇他，立刻扑通双膝跪地，让人看到背上被抽破的灰布衣衫，里边露出一长道血淋淋的鞭痕。

“爸爸，你别打尼基塔！”小丽莎见与之同庚的农奴衣衫里渗透出鲜血，急得连声喊道，“他是个乖孩子，天天给咱家干活儿，还挨你打。瞧！背上都流血了，多可怜呀！”

“丽莎，快去找你妈妈，让她来给这孩子上点儿药！”穆索尔斯基出于对卢卡长辈的尊敬，压抑了心中的不平，转身吩咐表妹道。不一会儿，纳塔丽雅由丽莎牵手赶来，立即给小农奴涂药，包扎伤处。

“尼基塔，你忍一忍疼痛，过几天就会好的。”纳塔丽雅见丈夫气哼哼地走了，打破刚开始的沉默，说，“唉！咱们老爷脾气暴躁，有什么法子！但愿天主宽宥他吧！”

“丽莎，真不懂你父亲为什么这般残忍！”穆索尔斯基回屋给丽莎教钢琴时，愤然对表妹说，“他认为农奴生来下贱，应任人宰割。可是，你母亲也出身卑微……我祖母还是个女农奴呢！”

“父亲的前妻安娜·德米特里耶夫娜的家族拥有1 600多个‘魂灵’，可她自己也是农奴的女儿。”丽莎谈及库舍列夫家史，“听说，父亲常常打安娜。她没办法，只有领着我的3个异母姐姐丽迪亚、朱莉亚和阿黛拉依德先到下诺夫哥罗德，后又去圣彼得堡单过日子去了。”

“领主连自己的妻子都虐待，”穆索尔斯基瞪大眼睛说，“你读读陀思妥耶夫斯基的《死屋手记》，就会知道这是我们古老俄国的家庭普遍现象。”

“想到父亲，我常常处于深深的矛盾中。他14岁从戎远征，当轻骑兵直冲进巴黎城。累年战斗使他性情暴烈，对下人尤其粗野。可是，他对我的3个姐姐，特别是对我异常慈爱。我任性淘气时，他特有耐心，从不发怒。你来家之前，他曾几次到国外为我请来3位钢琴女教师。英国蓓姬小姐、法国欧也妮女士和德国女郎汉娜，她们都是非常有教养的上流淑女。我在想，要是父亲那晚被农奴杀死，我和母亲会遭到怎样的命运呢？喏，表哥，父亲说你从戎前途无量，而你偏偏要脱离军队，跟巴拉基列夫、鲍罗廷和里姆斯基-科萨科夫结伙弹琴作曲，惹得全家人都说你没出息。”

“我要用钢琴弹出奴隶的痛苦，”年轻的音乐家坚定地说，“我才有出息！从戎就是给吃人的制度当屠夫。对我来说，那是莫大的耻辱。我宁愿选择清贫，一个清白世界。”

“可是，俄国生存的基础是农村公社，”姑娘表露自己矛盾的心理，“涅克拉索夫曾预言，农奴制的锁链一断，一边会砸死领主，一边会砸死农奴，结果是双方同归于尽……”

谈论至此，该教琴了。穆索尔斯基给丽莎弹奏他刚谱成的乐曲《青春年华》，使少女心旷神怡，离开了眼下的现实。后来的日子，当表兄妹俩在开遍野花的草地，在苔藓茵绿的白杨径上，在种满亚麻的田野，在湿润的沼泽地和花雾中的湖畔漫步时，穆索尔斯基长时间跟丽莎谈废除农奴制，告诉她托尔斯泰曾参加保卫塞瓦斯托波尔，赞颂过俄军抗击英法联盟的勇气。克里米亚战争后，古老的俄国从麻木中苏醒，人们开始思索，知识界开始批判社会现实。

“在圣彼得堡上学时，我仿效一些单身军官和年轻公务员，跟4个同伴聚成‘公社’。大家有同样的志趣，分住一座套房，每晚凑在一个人的寝室里读书，探讨音乐和艺术，辩论社会问题，气氛热烈极了。从大学里的‘公社’，我们谈到‘农村公社’，认为这种组织形式将带来农民的解放。”

“这不是虚无主义者们的理想吗？”丽莎听得入迷，问表哥道。

“虚无主义者并非要否定一切，抛弃一切。相反，他们深信教育，尤其是自然科学的力量，与圣西门的思想同出一脉。而且，我国照此可以避免出现法国那样的新企业主阶层。”穆索尔斯基向表妹解释。

“你对亚历山大二世的改革怎么看？”丽莎考虑片刻，又问表兄。

“他感到旧沙皇制度不能再像其父皇尼古拉一世时用铁腕和棍子那样维系下去了。因此，他一登基便开始改革，希图实现物阜民丰。但是，他的根本目的还是保有罗曼诺夫家族的专制统治，实际改革措施引起了新的混乱，家族破产，农民暴动，学生罢课。人们暗地传阅《新俄罗斯宣言》，其中说：‘不久，将举起未来的旗帜，一面鲜艳的红旗，齐声高呼：俄罗斯社会民主共和国万岁！’人民将要向冬宫进军，推翻沙皇家族的极权制度。悲剧在于，咱们的动脉里流着贵族的血液。同你一样，我内心呼唤变革，但有时也感到一种不祥之兆，欲辩难言……”

说着，穆索尔斯基的一腔激情变成了满怀忧郁。未来即是未知。也许，我们渴望未来，但并不属于未来，甚至会毁灭未来。丽莎受到表哥霎时涌出的悲观情绪感染，似乎喃喃自语：“罗曼诺夫家族原是从立陶宛迁徙来俄国的，我母亲恰是立陶宛血统……”

当时，伊丽莎白实际并没有真正理会表哥所谓“悲剧”的蕴义，陷入深邃的沉思后她看到：农奴制度一废除，穆索尔斯基家族就失去了原有的一万公顷土地，彻底破败，一家老少衣食无着，悲惨至极；表兄自己也失却了生活的依靠，最后孤独地惨死在圣彼得堡一家医院……凄凄的晚钟声里，涅瓦大街一角蜷缩着一个衣衫褴褛的老乞丐，旁边静坐的是受他保护的孤儿和一条不肯因贫困背离主人的狗。

“爷爷，您为什么这样难过？”孤儿抚摸老人冰凉的手，抬眼问道。

“听！又一个愤世者离去了。”老人似答非答地说，“一个游方的俄狄浦斯，跟咱爷俩一样的流浪者。他曾把饮下的苦酒倾吐，谱成了《死亡的舞蹈》……”

然而，在远离死亡的青春岁月，丽莎为表哥曾憧憬的未来所感召，出国经日内瓦和伦敦到达巴黎，加入了“冲天”泰坦的队伍。在泰坦儿女中，她结识了装订工人欧仁·瓦尔兰，深为其无私的牺牲精神所感动。1871年5月25日夜，德勒克吕兹饮弹街垒，瓦尔兰出任公社最后一届军事代表。他听说愤怒的群众要处死50名人质，急忙于次日凌晨赶至阿克索街，冒着生命危险去阻止少数社员的绝望举动……像德勒克吕兹准备战死街垒一样，欧仁·瓦尔兰也是悲观的，在公社陷落的前夜凝望淅沥的冷雨，对守在一旁的茹尔·瓦莱斯说：“我们将被活活撕裂，死了拖进泥里……”而今，在自己罹难前夜的梦中，伊丽莎白依稀又听见欧仁·瓦尔兰的声音，复见他最后在朗波诺街失守时被俘，从罗什舒瓦街穿过克里尼昂古尔街和拉迈街被押往蒙马特尔高地。途中，他遭到猬簇蜂拥的恶妇唾面，狂嚎叫呶的兵痞刀戳，满脸血肉模糊，一只眼球脱眶，靠在玫瑰街的墙脚挨子弹……

“欧仁！”伊丽莎白似乎身临其境，急得喊出声来。

恰在此时，似乎正应夜梦，契卡监狱的看守人推门进来，大声命令：“别睡了，都跟我们走！”拂晓，伊丽莎白母女三人被狱卒的喝令惊醒。她们睁眼一看，天已亮了，两个荷枪的士兵分站在门口等候……

亲爱的沃洛佳：

我回到莫斯科，不料遇上了一场麻烦。虽然是出于误会，很快就会清楚的。我下月一定如约前来，等着我。

你的薇拉

这是狱卒从薇拉身上搜出的纸片，上面的字是用绘画铅笔头匆匆忙忙偷着写的，十分潦草。对这一切，在远方盱盼的沃洛佳什么也不知道。年轻的水兵虽然焦急地等待过，但两年后喀琅施塔得公社被粉碎，未亡人也消亡了。

在德米特里耶娃被捕的当时，包庇贵族反革命者要以反革命罪论处。萨沙身为契卡人员，自然深谙此律。可是，他不惮厄境，去找了鬓发苍苍的米沙；后者负责全莫斯科市粮食紧急配给，日夜奔忙，待他随萨沙赶去看伊丽莎白·德米特里耶娃母女时，那间牢房里已经关了新人……萨沙听明情况，心感悚然，急急乎追到莫斯科火车站，哪知列车早已东去。他呼天不应，欲泣无声，只有迎风垂泪……至于从伊丽莎白·德米特里耶娃家里搜来的那一大堆材料，契卡多年无人细翻，尔后汩没无传，其中是否真没留下罹难者生前同马克思一家往来的痕迹，亦未可知。

在莫斯科，玛拉雅·塞尔普科夫斯卡娅街31号的母女手工作坊如恒，然玉殒香消，整日旷荡荡的。春天，燕子归来，衔泥窥帘不见故人，唯有对空嘤嘤，似有所感，若有所言。哦！美人血染原上草，一度秋来一度红。

回想伊丽莎白·德米特里耶娃的一生，实迥异于寻常流辈。绮年花貌之时，斯女不似阿姆斯特丹的郁金香般冶容媚态，而洁心玉壶，内蓄芬芳。她不愿当上流沙龙里的天鹅，翩然下翔，却被凡夫当作天鹅扼死。闻者心怀难言之恫，悲其遭际：

天鹅！天鹅！
受尽苦痛的折磨，
在夕阳下孤凄地瑟缩……
飞上云河，
未遇丘比特，
迷茫于西伯利亚的夜色。
天鹅！天鹅！
跌落在干巴巴的荒漠，
回望莱芒湖的清波，
你唱完了爱的悲歌。

以后的年月里，萨沙和米沙都分别成了“暗藏的敌人”，被处决。审理德米特里耶娃一案的两名契卡人员自己也难逃大清洗之网，先后遭不测惨报。那位刚愎自用的“领导人”于1929年卷进托派的旋涡，病死在西伯利亚流放地，他的下属则于1935年成了图哈切夫斯基元帅的殉葬品。幸亏，在契卡提审员自己被审判定罪之前，历史学家维特洛夫找到了他。

“谢辽沙，你尽快跟莫斯科‘马克思–恩格斯研究院’联系一下。”米哈伊洛夫转向弟弟谢尔盖，说，“他们拍了一部关于伊丽莎白·德米特里耶娃生平的电影。”

“这个学院前两天已经改名为‘社会主义历史研究院’了。”塔玛莎通报。

“毫不足奇！”谢尔盖思远忧深，语有特识地说，“东欧一些共产党为了生存，都相继更名为‘社会党’了。观于此，可知当今世态。”

1848年2月，马克思和恩格斯发表《共产党宣言》，开篇宣称：“一个幽灵，共产主义的幽灵，在欧洲游荡。”今复如是，共产主义在欧洲大陆又成了幽灵，只是时移事变，给各种人的感应已经与昔年大为不同了。

“人生路远山复山，”米哈伊洛夫老人最后说，“我活了80多岁，一生苦志，不愿颓然一老便皈依旧教。暮年独守这个‘纪念馆’，就是要让伊丽莎白·德米特里耶娃人去影留，寄语今世，给失望的群众以希望，让人们看到真正的社会主义光景非幽非杳。当此沙河世界，有人说，那是镜中山水，渺茫无凭之薮，是不切实际的乌托邦……可我至今深信，尘梦没有仙梦长。夜深路漫，雁坠长空。许多人会被埋在探索的道旁。即使如此，绿天召唤，舍我一乐，一死何辞！……”

与米哈伊洛夫兄弟执别，时已将夕。一想离易会难，宾主恋恋不舍，心皆怆然。老人将我们送至门前，颇感凄婉……是夕，我由旧路返下诺夫哥罗德城，在一家旅馆下榻。夜里一场异梦，穷览朔漠，恍觉自己变成了一头骆驼，在跋涉中苦吟，声声皆达于诗：

沙漠……寂寞……
寂寞……沙漠……
沙漠中走着……
沉默的骆驼……
骆驼的沉默……
压抑火燎的干渴；

干渴折磨着……

心焦如焚的骆驼。

绝望中闪现希望，

朔方滚起蓝色的海浪……

可惜，蜃景不长，

黄沙顷刻吞噬了……

奇异的幻象。

于是，又剩下骆驼，

在荒漠中求索……

危耸双峰，

执着地走着……走着……

一起一伏，

一步一步……

沙漠中走着，

孤独的骆驼……

一宵奇梦，游心于荒漠之中，仰首见海中浮阁，日月出落，导迷开世。从幻境回归，胸襟豁朗。慧心悟道，始知日有所思，夜有所梦，如灯泛渔槎，微茫可辨，方晓梦即是真，真即是梦，不过梦时非觉，觉时非梦，极想所成，终非实况。

人生几多梦？
梦里登无崖，
崖畔觅芳草，
草中探幽花，
花草皆不见，
仰天问女娲。

洪荒时，女娲难补离恨天。而今，蓬草天涯，行踪无定，猛登彼岸，云路惊梦。肃晨醒来，梦痕处处，悟彻菩提，一腔沧桑。在欧罗巴寻找伊丽莎白·德米特里耶娃的足迹，弹指数月。一路见夕阳洒道，满腹离别的凄楚。坐巴黎寓所芸窗前极目远眺，沃洛克烟波又复漾目，今昔聚散，靡不浮眼，行促授笔，倾诉不知往处，难定归时幽情。伊丽莎白少时采真重崖，及长奇鸣于世。然身陷魔障，死后不仅无埋骨墓丘，连一无形坟地都不见。呜呼！踏遍欧土，亲赴莫斯科郊野，不知伊葬何处……转念间，数月前曼弗莱德夫人在莫斯科说的那句“不是要继承历史的灰烬，而是要从中取火”的寄语又萦绕我的耳际，情牵那夜空星火。是啊，综观伊丽莎白·德米特里耶娃一生，似乎得出一种“反英雄”，或曰“逆英雄”的启示。一自美人和泪去，河山终古是天涯！

寄身法国巴黎，我不堪广播电台和几家电视台昼夜喧嚣，欲觅一清凉阿弥之境，便来到布列塔尼海岸耸峙于圣马洛港对面的格朗贝孤岛，沿蹊径扪石涉险，到直造其巅的夏多勃里昂石墓。高处，海天漠漠。我立在那不系铭文，只竖一个十字架的墓前，触绪纷来。夏多勃里昂乃一旧制度的殉道者，而伊丽莎白·德米特里耶娃则为探索新秩序的斗士。二人异途，然才子与佳人的命运却有颇多相似之处：各自终生的希冀，皆恍若有望而不见。夏多勃里昂这位大文豪，可谓希圣希贤了，一颗充满激情的心始终未遇真知，死后筑墓于此突兀怒峰，为意在山崖“静听风声和大海飒沓的喧响”……斯须，大海退潮，我复循原路下山。行至悬崖边光裸的峭岩间，忽见暗礁石罅里奇形怪状的寄居蟹，个个驮着从沙滩拣来或劫来的漂亮螺壳，在那里横行，伸出螯足，欲吞天噬日，欺凌相濡以沫的鱼虾。我倏忽想到，印度洋的圣诞岛上另有一种寄居蟹，比这儿的躯壳更大，多年脱离海水，结帮盘踞在陆上，寄生壳里假做道场，渐渐自身生出硬壳，似有了通天彻地的法力，兀自摇钳，逞凶烈性，莫此为甚，被人呼为“强盗蟹”，肆虐于飞鱼湾……

吁嗟乎！开天辟地以来，便有这山海时空，生灵流射。强梁世界的丛林法则，似乎永无止境！此谓“动的世界”。沧桑几经更变，然天地恒以万物为刍狗。至此，我若有所悟，移视线于眼前的绝岛危岩，寄思缭崖雾霭，目逐片片飞云，似觉生死起灭，皆幻入流光，顿感尘虑尽涤，依稀又听见谢尔盖唱的那首歌：

哎，红莓花儿哟！
哎，白菱花儿哟！
你别开在，别开在
那峻峭的高山上……

哦！红莓花谢之时，色如喷血凝丹。犹记那歌儿的尾声，引人神驰天风海涛：“别把你的叶儿抛进大海中。”远处，拉芒什海峡烟波浩渺，白帆点点，宛若罗浮清梦，乘槎贯月……

注释：

[1]忿激派，法国大革命高潮中形成，主张公民政治、经济和社会平等，为巴贝夫平等共产主义的先驱。

[2]马隆（1841—1893），染匠出身，巴黎公社委员。

[3]茹尔·瓦莱斯（1832—1885），法国19世纪文豪，著有三部曲《雅克·万特拉》:《孩子》、《中学毕业生》和《起义者》。

[4]拉甫罗夫（1823—1900），俄国哲学家，创立人本主义体系。

[5]图哈切夫斯基（1893—1937），苏联元帅，1925年任工农红军参谋长，1937年6月11日被处决，1956年苏共二十大后获得平反，著有《当代战略问题》。

[6]爱德华·瓦扬（1840—1915），巴黎公社委员。

[7]托马斯·莫尔（1478—1535），空想社会主义者。

[8]库罗帕特金（1848—1925），俄国将军，日俄战争中出任俄军远东陆军总司令，1917年回故乡隐居。

[9]《跟麦当娜上床》，美国关于麦当娜日常生活的纪录片，1991年出品。

[10]茹尔·盖得（1845—1922），法国工人党创始人。

下卷　丹心浩气

Quand il reviendra, le temps des cerises,
Pandore idiot, magistrats moqueurs
Seront tout en fête!
Gendarmes auront la folie en tête
A l'ombre seront poètes chanteurs
Quand il reviendra le temps des cerises.
Siffleront bien haut les chassepots vengeurs!

为了不忘却的纪念

——巴黎公社劳工委员列奥·弗兰克尔

列奥·弗兰克尔（Léo Frankel）

一天晚上，去巴黎影视中心看影片《新巴比伦》，我见到一位巴黎公社社员的子孙。他目光矍铄，鬓发如霜，双眉垂雪。由此，人们可以知道其祖父为之献身的那场“冲天”运动已过去了多少日月。

在巴黎公社诞生纪念日，现时世态使法国民众，尤其是工人群体对公社的怀念达到前所未有的热度。巴黎公社之友协会派遣代表团赴古巴，找寻为大洋彼岸古巴民族独立而牺牲的巴黎公社流亡者的足迹，接着又在巴黎分别接待了两批忠于公社精神的卢森堡老工人和比利时公社之友，还拟组织去新喀里多尼亚的松岛，为遭受流放，最终埋葬在那里的古斯塔夫·玛罗伦等公社烈士扫墓。

在诸多纪念巴黎公社的活动中，声势颇大的是为列奥·弗兰克尔（1844—1896）在巴黎拉雪兹神甫墓地逝者安息处举行的百年忌辰悼念集会。弗兰克尔系工人出身，于1871年巴黎公社成立后当选为劳工委员，相当于现今的劳工部长。当时，一个新建立的人民政权破天荒首次设立劳工部，而且让弗兰克尔这个匈牙利血统，受到第二帝国指控的外籍工人担任领导，不能不说是一个惊人举动。巴黎公社期间，弗兰克尔曾致函在伦敦的马克思，恳请他在政治经济学方面给予指教，之后得到马克思的回复。可惜，公社仅存72天，没有可能具体实现弗兰克尔等先行者关于“工场自治”“限定劳动时间”“组织妇女劳动”“禁止雇主惩罚工人”的主张，以及宏观“控制市场”的一系列主张。而今，看到世界各国许多地方有关工人群众的权利又成了一句空话，大众自然会怀念起弗兰克尔等巴黎公社领导人在劳动解放上的创举。

为了让人们了解19世纪国际工人运动的先驱，法国历史学家玛塞尔·舍尔弗撰写出版了《列奥·弗兰克尔传略》，书中记述了这位早期社会主义者1867年在伦敦结识马克思，随之加入国际工人协会的经历。关于弗兰克尔在公社参加“流血周”的活动，舍尔弗写道：“他积极投入了战斗，于1871年5月25日在圣安东尼郊区的一座街垒负伤，一年多后被凡尔赛军事法庭缺席判处死刑。”不过，弗兰克尔逃脱了刽子手们的魔掌，流亡英伦。1876年回到匈牙利后，于1880年在自己的祖国创建了匈牙利总工人党（1890年，改名为匈牙利社会民主党）。为此，他又遭到匈牙利当局两年半的监禁，出狱后重返巴黎。最后，他在极度贫困中死去，由马克思的大女婿沙尔·龙格等公社幸存者措办棺木，埋葬在异邦的土地上。

笔者在历史小说《夜空流星》里描述了弗兰克尔与俄国女革命活动家伊丽莎白·德米特里耶娃在巴黎公社期间的交往，以及而后他俩同往日内瓦避难的经历，并引用了弗兰克尔辞世时留下的遗嘱，从中不难看出弗兰克尔伟大的人格和浩然正气：

> 我生为自由思想者，愿如此这般死去。因此，无论在死的时刻，还是下葬之际，我都不要任何一座教堂的任何一位神甫来拯救我的灵魂。
>
> 我不信地狱，不信天堂，亦不信另一个世界里的善恶报应。
>
> 地狱与天堂，恶报与善偿存在于每个人的意识中。悔恨与慰藉，乃是每人现实地依其善行或

劣迹本来应得的酬赏或惩罚。

我坦坦然然地死去。

安葬我时，应像掩埋最卑贱的饥民一样简单。

我所希求的唯一殊荣是，用一面红旗，一面国际无产阶级的旗帜给我裹身。正是为了这个阶级的解放，我奉献了自己一生的英华，并随时准备为之献出整个生命。

作为公社委员，弗兰克尔不愧为一位真诚的“社会公仆”，牺牲自己，在清贫中为劳动者的福祉奋斗终生。

“红色圣女”

——巴黎公社女战士路易丝·米歇尔

路易丝·米歇尔（Louise Michel）

路易丝·米歇尔（1830—1905）是一位小学教师。法兰西第二帝国时，她跟费烈等布朗基主义者一起参加反对路易·波拿巴黑暗统治的斗争。1871年3月18日，她在蒙马特尔高地英勇地保护国民自卫军的大炮，投入了轰轰烈烈的巴黎公社革命。从此，她总是出现在斗争最激烈的地方，被革命群众誉为“红色圣女”。公社报纸在谈到穆里诺街一次战斗时赞扬她说：“在第61营的队伍里，一位坚强的妇女英勇战斗，她歼灭了好几个宪兵和警察。”

在保卫公社的紧急时刻，米歇尔守卫克里尼昂古尔街垒，一直坚持到最后只剩3个人。她在负伤昏迷中被凡尔赛匪徒当作死人扔进了战壕，从而免遭枪杀。接着，她先后被关进凡尔赛监狱和萨多利集中营。出庭受审时，她大义凛然地斥责凡尔赛分子说："如果你们让我活着，我将要不停地号召复仇，你们若有胆量，就杀死我吧！"

凡尔赛军事法庭宣判路易丝·米歇尔流放，将她驱逐到太平洋的新喀里多尼亚岛上。她到达那里以后，热心为土著服务，还学会了当地卡纳克人的语言。1878年，卡纳克人在其领袖阿塔依率领下起义，武装反抗法国殖民当局。米歇尔挺身而出，把她在巴黎公社时期的红披巾赠给卡纳克起义者当作战旗。在新喀里多尼亚的7年里，她跟当地的卡纳克人结下了深厚的友谊。当她返回法国时，卡纳克人扶老携幼，依依不舍地送她上船，凄凄挥泪而别。

米歇尔回国后，继续进行革命宣传活动。1905年1月，她在法国马赛患重病，去世前写下了《1905年俄国革命》一诗，欢呼这场革命风暴的到来。此外，这位女革命家在战斗的一生中还写了不少慷慨激昂的诗篇，成为巴黎公社革命文学里的瑰宝。她的重要著作有诗集《生活的经历》，小说《人类细菌》《贫困》和回忆录《巴黎公社》等。另有1874年5月她在狱中写下的壮丽诗篇：《巴黎公社》。

巴黎公社

当群众冲破今天的沉寂，
像海啸般怒吼，
当他们投入决死的战斗，
那就是公社揭竿而起的时候。

我们将从四面八方归来，
汇成波澜壮阔的洪流，
像挣脱黑暗的幽灵奋起复仇，
我们回来时手携着手。

英烈擎旗，
黑纱被鲜血浸透，
大地红花烂漫，
骄阳似火的天空下迎来自由。

2005年，法国举行“路易丝·米歇尔百年祭”，重印和出版了她的传记，还发表了大量追念文章，其中叙述了路易丝·米歇尔一生跟雨果的密切关系，指出“红色圣女”的人道精神自幼就是在雨果的直接影响下形成的，尽管他们之后在争取社会变革中走上了完全不同的道路。

少女时代，路易丝·米歇尔就跟雨果结为诗友，将自己的处女作寄给她心目中“19世纪最后一位伟大的游吟诗人”，并在《献给诗人维克多·雨果》一诗里颂赞雨果“心底充满爱，声音响彻苍穹”。她最欣赏雨果在《奥林匹欧的悲哀》中关于“两心息息相通”的妙语，动手用松木制作了一把诗琴，专门为雨果弹奏“最温馨的谐音”，得到对方衷心的应和、热情的鼓舞。

1871年，普法战争结束前，路易丝·米歇尔投入巴黎公社运动，成为国民自卫军第61营的女战士，一名“自由女射手”。1871年5月21日，梯也尔的军队向巴黎反扑，路易丝·米歇尔赶到蒙马特尔高地，为公社将领东布罗夫斯基传令并组织抵抗。在“五月流血周”的公社保卫战中，她一直奋战到最后时刻。

公社惨遭镇压，她负伤晕厥被俘后，同公社公安委员费烈等人一起被关进监狱候审。费烈是路易丝·米歇尔暗恋的情人，她写了《红石竹花》一诗奉献给他，表示坚信“未来会展示我们的全部理想”，一边托人转信给雨果求助，说道：“费烈是我们中间最优秀的人。胜利时，他最宽厚；失败时，他最自豪。正因为如此，他被判处死刑。您救救他吧！这将不是第一个，也不是最后一个您能从屠夫手中解救出来的人。”雨果对此也很无奈。她向凡尔赛军方说：“干脆把我们都杀死吧！”

1871年12月16日，路易丝·米歇尔被判处流放到塞地。凡尔赛当局指控“红色圣女”曾“持械造反”，是反社会的“危险分子”。雨果钦佩这位弱女子在法庭上显示

被捕的公社女战士路易丝·米歇尔

的英雄气概，在写给路易丝·米歇尔的赞美诗《更雄伟的女性》中，将她比喻为古代反抗亚述暴虐的犹太女郎朱迪丝，形容她“气宇轩昂”地注视着“面色苍白的法官”。凭数十载的神交，雨果素描出她令人崇敬的形象：

像我一样，人们知道，
你一心维护英气和德行……
人们通晓你神秘温馨的诗稿。
日日夜夜，你为大众的困境悲泣，
忘我地为他人效劳，
话语如同使徒们的心声在燃烧……

1873年8月，路易丝·米歇尔被押上“维尔吉尼号”战舰，12月到达新喀里多尼亚，在那边度过了7年漫长的流放岁月，其间她继续保持跟雨果的通信联系。离法经年，当她在远方听到雨果不幸丧子的噩耗时，赶紧写信安慰恩师道：“您跟您儿子在死亡里共存。我在此亦然，同最优秀、最善良的兄弟们共厄运。”“恩师，给我来信呀，别以为我过于不幸了……在死亡面前，个性已不复存在。”她恳求雨果为一位在流放中精神饱受折磨的公社老社员写一首诗，自己则将专给雨果的《大洋之歌》遥遥奉献：

在海浪周而复始拍击的悬岩上，
我镌刻了你的名字，让飓风传扬……

流放中的路易丝·米歇尔

她表示想重读《惩罚集》，还将采撷的石珊瑚不远万里寄给雨果，当作写作时用的镇纸，实可谓礼轻情意重。1876年8月，她又给雨果捎信，说："若当局允许的话，我想去卡纳克人的部族居住一段时间，因为我们还感觉不到对这些土著的影响。当局能让我去那么远吗？一切尚不得而知。可以肯定的是，我不会毫无作为就回法国来的。若是什么都不干，不干点儿有益的事情，那岂不是白白航行了六千里路程。”

1880年，经雨果不懈地奔走呼号，法兰西第三共和国宣布对巴黎公社人员实行“大赦”。路易丝·米歇尔于当年11月经伦敦返回巴黎，在圣·拉扎尔火车站受到克列孟梭、路易·布朗和万余民众的热烈欢迎。是时，群情激奋，齐声高呼：“路易丝·米歇尔万岁！”“巴黎公社万岁！”“社会革命万岁！”回到祖国，路易丝·米歇尔看到雨果发表在《诗琴》上的《更雄伟的女性》一诗，觉得诗豪对她“过誉”了，但期望自己有一天能不辜负恩师给她的颂赞。

雨果逝世时，由马克西姆·杜岗在墓前致悼词。因为此翁曾往巴黎公社烈士的坟上“吐硝镪水”，路易丝·米歇尔对其愤慨之极，高喊：“滚一边去，强盗！让我们来向诅咒屠夫的游吟诗翁致敬。”当时，她又因“反社会”身陷囹圄，在牢房里奋笔写了最后一首给她恩师的赠诗《悼维克多·雨果的亡灵》：

大屠杀中，他向五月的幸存者敞开大门，
而今，在他的坟墓前
竟然是马克西姆·杜岗，
萨多利“岗”在致悼亡词……

路易丝·米歇尔显然忽略了一个现实，即她的恩师已成了法兰西第三共和国的桂冠诗人，官方为他举行的是国葬，选择法兰西文学院院士马克西姆·杜岗致悼词，本是情理中的事。对她这个归国后就不停地抨击第三共和国的“叛徒”，最合适的地方莫过于监狱。其间，马克思的二女婿保尔·拉法格到狱中采访，她微笑着对采访者说：囚室是资产者为她提供的免费住所，再好不过了。

这一切表明，法兰西共和国当局给路易丝·米歇尔和维克多·雨果的待遇有着天渊之别。事实上，他们师徒俩除了都喜欢浪漫诗歌以外，完全是不同类型的人。从为社会革命献身的精神来看，确如雨果本人所说，路易丝·米歇尔是一位“更雄伟的女性”。

1893年10月21日，法国咏唱诗人贡斯坦·玛丽在英文日报《大众》上发表《红色缪斯》一诗，描绘他在晨曦中看见一个目光炯炯的女性，像彗星般从血色海湾上空掠过。那正是路易丝·米歇尔的形象。在诗作者眼里，路易丝·米歇尔不仅被誉为社会革命的“红色圣女”，而且是诗坛上一位“红色缪斯”。

在中国，1907年《天义报》就在其第二卷上介绍了路易丝·米歇尔的人生际遇。同年10月30日，该报又刊出了苏曼殊在日本撰写的《露伊斯·美索尔遗像赞》一文。曼殊法师是“偶于故纸堆中，得英人祖梨手绘露伊斯·美索尔像”，感其“英姿活现”“慕恋之诚”，遂兴嗟叹：“极目尘球，四生惨苦，谁能复起作大船师如美氏者耶？”读曼殊的文章，可见我国知识界对路易丝·米歇尔的崇敬绝非始于新中国建立。

笔者1983年曾去勒瓦鲁瓦市政厅花园，拜谒竖立在彼的路易丝·米歇尔雕像，不意扑了一空。原来，当时上任的右派市长巴尔加尼嫌那座纪念铜像“碍眼”，竟然将之再度“流放”到了偏僻的普朗舍特公园。在一个一直自诩自由与宽容的国度，意识形态偏见，一至于斯。相反，在“路易丝·米歇尔年”，行人若到位于巴黎拉丁区索邦广场的法国大学出版社门前，就可以看见书店里布置了“路易丝·米歇尔纪念橱窗”，里边一个惹眼的红色条幅上介绍逝者的生平，一旁是她不同时期的照片和数十种追思著作。登上书店三楼，木梯口对面设一“路易丝·米歇尔专架”，一层层摆满她多种多样的著作，有回忆录《巴黎公社》和文学作品《贫困》《咬牙》《时代罪恶》《受蔑视的女性》《人民之女》《人类细菌》《农民》《新世界》《占有》《梦》，剧本《金鸡》《普罗米修斯》和诗歌《新纪元》《花朵与荆棘》《生的历程》《生死场》《卡纳克传说及歌谣》，其中更多的是路易丝·米歇尔的传记和有关她的研究著作。这些著作中的内容都特别强调她的诗歌创作，披露了伊因写诗与雨果建立的长期通信联系。譬如，路易丝·米歇尔于1852年秋天两次赴巴黎跟维克多·雨果在奥弗涅塔街约会。此后不久，雨果恢复了因1848年革命一度停顿的《悲惨世界》小说的创作。完稿后，他为这部巨著画了一幅女性肖像素描，题名为《贫困》，作为小说的卷首画。此像酷似路易丝·米歇尔。可见“红色圣女”给雨果留下极为深刻的印象，以至于成了《悲惨世界》一书的灵魂象征。

路易丝·米歇尔在为社会革命奋斗的一生中，始终弹奏着游吟诗人的竖琴，以此表达内心星系与无穷宇宙的交响，不愧为“红色缪斯”。可以说，路易丝·米歇尔在精神上是赫拉克利特的女儿，自幼读拉马丁和雨果的浪漫诗歌，不习惯柏拉图恒久不变的僵死模式，而满怀对诗意的神秘渴望，更深信自己的命运与诗歌密不可分，认为诗所蕴含的梦想远比现实生活更富生命力。依她看来，诗人不应戴上桂冠为帝王歌功颂德。她拒绝宣誓效忠拿破仑三世，而愿为山乡的翠柏，或天空任意飞翔的燕子，宣告奴役的终结和大众自由的光降。在她的诗里，人民运动总是与大自然的节奏相应和，“充满了风暴和闪电”，既奇丽神秀，又深沉悲壮，具有异常强烈的感染力。这些不事雕饰、自然纯真的诗篇，对20世纪流行于巴黎城郊酒店和咖啡厅的民众诗歌不无影响，绝非鼓吹“为艺术而艺术”的高蹈派所及。

路易丝·米歇尔的传记作者们都习惯于将她比喻为日耳曼传说中反抗罗马暴政的女预言家维莱塔。因为她反抗一个“人狼世界”，曾赋诗声援约翰·布朗，从未因争取一个平等世界的斗争屡屡受挫而气馁。在被流放到新喀里多尼亚时，她为难友布朗基主义者亨利·普拉斯降生的孩子赋诗，寄托了对下一代的希望：

孩子，你诞生在流放的阴霾里，
但你定会看到自由光降。
你们将摆脱我们忍受的黑暗，
未来的纪元灿烂辉煌……

不同社会人群皆有各自心目中的“复活节”。法国巴黎公社之友协会主席克洛德·维拉尔教授邀我在巴黎五钻石街的天堂饭馆共进午餐，谈及他们协会追思路易丝·米歇尔的多项活动，并赠我该协会新发行的一本纪念册。面对当下红尘扑面的世界，这顿时让人增添对一种高尚精神复兴的真情实感。

《马赛曲》的化身

——法兰西大剧院悲剧女演员阿嘉尔

玛丽·列奥尼德-阿嘉尔(Marie Léonide-Agar)

让-雅克·费赫尼耶担任法国库尔贝博物馆馆长时，我和妻子曾数次应邀到他的宅邸做客。他住在巴黎第十六区附近的勒诺特尔街3号，特洛卡德罗广场一侧。一天，我们从三楼下来，主人指着装饰右侧墙面的一系列画幅中的一幅肖像，说：“这是阿嘉尔，她曾在这幢房子里住过。”宾主都有“阿嘉尔情结”，我俩自然而然谈起了这位情怀高洁的女性的艺坛生涯。

阿嘉尔是19世纪法兰西大剧院著名的悲剧女演员，与当年驰名欧美舞台的莎拉·伯恩哈特一样，享有“金嗓子”美名。她俩联袂同台演出，配合默契，生活中情同手足。阿嘉尔早前不堪继母凌辱出嫁，但遇人不淑，遂离开残忍折磨人的丈夫尼克，独身到巴黎闯荡。初时她靠教授钢琴，或在白马等街巷咖啡歌舞厅卖唱为生，后投在艺术导师利古尔门下学艺，起步进入奥德翁剧院。

1863年5月，她在法兰西大剧院登台，开始接演拉辛的古典悲剧。1869年初，她与莎拉·伯恩哈特同台，演出弗朗索瓦·高贝的处女作《行者》，莎拉·伯恩哈特扮游吟诗人扎奈托，阿嘉尔饰茜尔维娅，二人相得益彰。阿嘉尔由此确立了在法兰西大剧院悲剧女演员的地位。她具有典型的演绎悲剧角色的气质，富于塑造美感的身段和含情脉脉的明眸。出演诗人艾耐斯特·勒古维的悲剧作品《美狄亚》时，绘声绘形，感人至深，与欧里庇得斯和高乃依笔下展示的美狄亚相比，别具一格。她陆续主演法国古典主义戏剧创始人高乃依的《西拿》《贺拉斯》，拉辛的《费德尔》和《昂朵马格》，赢得场场满堂喝彩，掌声经久不息，被公认为“法兰西大剧院最高洁的悲剧女演员”。当年，一位极具影响力的巴黎戏剧评论家曾这样描绘她的倩影：“那天，我被领到利古尔的剧社看他那里的佳丽表演，最惹人注目的当数阿嘉尔。此女真可谓绝色，面庞如大理石般洁白秀丽，一头浓密黑发垂肩，酥胸丰满，身材苗条，醇厚嘹亮的嗓音蕴含几分神秘，实在妙不可言。”

其实，她本名是玛丽·列奥尼德，阿嘉尔是其艺名，系取自《圣经》中的《创世记》。在当时的法兰西大剧院，以《圣经》中名媛姓氏为艺名，并非个例。譬如19世纪40年代起，红极一时的悲剧演员“拉歇尔小姐”（Mademoiselle Rachel）的芳名就来自《圣经》里雅各的妻子。夏甲（Hagar）原是埃及使女，跟亚伯拉罕生下以实玛利，受亚伯拉罕发妻撒拉排斥。玛丽·列奥尼德由其导师利古尔决定取此芳名，正与她悲剧演员的身份相合。除了法兰西大剧院，阿嘉尔还不时到博马舍剧院、拉丁区的奥德翁剧院、圣马丁戏院、昂彼居剧场和坦普尔林荫道的快乐剧场演出，在莎士比亚的《李尔王》、杰拉尔·德·纳尔华的剧本以及弗雷德里克和大仲马合写的《奈斯尔之塔》里扮演角色。她还在诗人路易·雅桑特布耶的戏里饰朱斯蒂娜，所到之处，皆以天生丽质和精湛演技得到如潮赞美。

不过，她胸怀凌云志，曾经声明：“我愿去所有能给不幸者带来帮助的地方。”确实，回顾往事，最突出的是她在1871年巴黎公社期间的遭际。在其演艺生涯处于巅峰时，作为超群出众女演员的阿嘉尔并不耻于接近“下里巴人”，而屈尊跻身于巴黎的“贱民”群落。普法战争时期，1870年7月20日，即法国向普鲁士宣战的翌日，巴黎剧院里演出《恋爱中的雄狮》。幕间休息时，观众要求乐队像在18日晚那样奏响《马赛曲》。当其时，参加演出的阿嘉尔一步迈向台前，引吭吟诵起鲁日·德·李尔作的《莱茵军团战歌》(即《马赛曲》)。她的激情参与，顿时使全场热血沸腾，群情激昂，观众随着她一遍遍齐声吟诵《马赛曲》叠句。恰在场内的文坛“诗圣”泰奥菲勒·戈蒂埃感叹：“阿嘉尔的吟诵，节奏、旋律格外妙曼，引起巨大反响，同仇敌忾的氛围响彻整座剧院。”阿嘉尔跟风流的莎拉·伯恩哈特在艺坛齐名，属于巴黎上流社会的“阳春白雪”。她在剧院里的这一表露，在自视甚高的精神贵族中是十分鲜见的。

自7月20日起，女演员阿嘉尔应观众要求，不论当日演出什么剧目，每晚她都到场为大家吟诵《马赛曲》。这样，她接连朗诵了44天，鼓动了巴黎民众的革命热情。著名漫画家安德烈·吉尔为她画像，让女演员阿嘉尔的高尚气度像春风般吹遍法兰西大地。然而，最令阿嘉尔心潮澎湃的是1871年3月巴黎民众奋起反抗卖国政府，建立“巴黎公社”的短暂时期。获得了自由与尊严的穷苦大众需要用歌舞来表达他们的欢愉。巴黎公社委派市救护总监鲁塞尔在原先供封建王族享乐的杜伊勒里宫内接连组织几场大型音乐会，赴会的艺术家达40余人。其中有人们喜爱的歌唱家罗莎丽·波尔塔斯和民众诗人鲁塞尔·德·梅里等。阿嘉尔是最积极的参加者之一。5月11日晚，她代表法兰西大剧院应邀到杜伊勒里宫，在骑士圣殿朗诵1830年革命诗人埃·莫罗的诗篇《严冬》:

风雪漫天，霹雳震空，
地上浓烟滚滚。
啊，我为这熊熊大火欢呼，
青春的热血再度沸腾！

全场掌声雷动，当晚在场的反动文人马克西姆·杜岗大为惊诧，难以想象法兰西大剧院的当红女演员会混迹于一帮“流氓无产者”之中。他在《巴黎的痉挛》一书中追忆：“这简直是在煽风点火！”因为在他眼里，革命诗歌的受众“领悟和支持那些专政者的计划”。

5月14日，阿嘉尔再次到杜伊勒里宫参加大众音乐会，以满怀激情的歌声跟巴黎公社的革命群众共度良宵。

翌日，《费加罗报》载文，恶毒攻击她朗诵雨果的《惩罚集》，指责她为国民自卫军的伤员募捐。阿嘉尔仗义反驳道："我随时准备被流放到遥远的卡宴，为此等待你们的再度检举。我绝不害怕来自凡尔赛的攻击。"5月18日，阿嘉尔抱病再度参加音乐会，吟唱1848年革命诗人奥·巴尔比埃的抑扬格篇章《青铜里拉》。群众热情达到高潮，以事实驳斥了一群反动文人污蔑巴黎公社的种种谎言。5月21日星期日，凡尔赛军攻入巴黎，杜伊勒里宫的大众音乐会仍照常举行，会场聚集了1300余人，为国民自卫军的伤兵和孤寡提供支援。面临大敌，阿嘉尔毫不畏惧，依然赶赴这场大众音乐会，在野栗树的荫庇下为群众朗诵。阿嘉尔在巴黎公社期间的一连串作为，触怒了法兰西第三共和国的执政者，从此对她怀恨在心。

巴黎公社惨遭血腥镇压后，厄运落到阿嘉尔头上。凡尔赛暴徒冲进她的宅邸，一拥而上，将她野蛮地揪出，推倒在大街泥泞地上，谩骂她是"巴黎公社社员""女纵火犯"，拖着她游街示众。阿嘉尔被逐出法兰西大剧院，并被扣上"公社社员"（la Communarde）和"女纵火犯"（la Pétrôleuse）的罪名，落拓到马赛，转而流亡到瑞士、北欧和英伦三岛。阿嘉尔遭放逐整整6年，于1878年返回巴黎。

在两位文化界友人乔治·麦里和保罗·布尔热支持下，她鼓起勇气，重新回到法兰西大剧院，成为有固定报酬的演员。她在艾弥尔·奥吉埃的风俗剧和拉辛的悲剧中扮演角色，到1885年承担莎士比亚名剧《哈姆雷特》中男主人公母亲的角色后，再度获得好评。但她对法兰西大剧院给她的待遇非常失望，说自己在彼处“浪费了整整7年的岁月”。

法国文豪、巴黎公社主要领导人之一茹尔·瓦莱斯在他长期流亡伦敦期间写出5幕11景大型历史剧《巴黎公社》这部“冲天史诗”，却找不到肯上演此剧的剧院。瓦莱斯慕名来拜访阿嘉尔，后者怀着“巴黎公社情结”，倾力相助，四处奔走，各方呼吁无果，只得一时作罢。一个世纪之后，中国著名女导演陈颙在中国青年艺术剧院将瓦莱斯的《巴黎公社》改编为大型历史剧《樱桃时节》并将其搬上舞台，中央电视台向全国现场转播，影响之广，可以想见。

1880年，阿嘉尔与时任阿尔及尔的非洲古代艺术品博物馆馆长、始终支持她演艺事业的乔治·麦里成婚，前往阿尔及利亚。其间，巴黎观众仅目睹过这位艺坛巾帼芳容两次。她在1882年和1883年在巴黎昂彼居剧场饰演卡杜尔·孟岱斯《敌对之母》中的波尔斯卡公主和让·里什潘的《格鲁》里的玛丽。1890年，阿嘉尔正在舞台上朗诵雨果的诗歌《艾劳的墓地》时，突然中风瘫痪，半身不遂。一代佳丽阿嘉尔于1891年8月15日在阿尔及尔的寓所去世，逝者全部物品，包括她的一幅美丽肖像，当即被廉价拍卖。

阿嘉尔现今安葬在巴黎蒙帕纳斯公墓，坟前竖立有亨利·克洛为她精心雕塑的一尊胸像。揭幕之日，她的挚友弗朗索瓦·高贝为她念了悼亡诗，称伊为被“不公道放逐”的“悲剧王后”。

保罗·布尔热是阿嘉尔生前好友。1871年5月，他听了悲剧女演员激情洋溢的诗朗诵后，在塞纳河堤岸漫游，眺望远方红旗招展，国民自卫军齐步向前挺进，脑中冥想阿嘉尔朗诵诗句的英姿，写下一首长诗献给她，表达内心对她勇敢行为的崇仰。诗人深信，阿嘉尔的友爱之声绝不会就这样没有回响：

心灵纯洁无邪的女性，
为了一项神圣的事业，

您真诚地发挥自己的艺术，
强烈而又有力度，
充盈温柔的深情。

玛丽·列奥尼德-阿嘉尔墓前雕像

这位法国知名作家给不愧为19世纪最伟大的悲剧演员阿嘉尔艰难而动荡的演艺生涯做出了切近的写照。

国际工人协会的斗士

——“冲天”英烈欧仁·瓦尔兰

欧仁·瓦尔兰（Eugène Varlin）

时序匆匆，巴黎又到了樱花吐芳的季节。值此大地萌动的时机，展诵阿芒·卡蒂的剧作《圣布莱茨街的十三颗太阳》，其启幕辞曰：“许多颗太阳，最终将跌进历史的垃圾堆，唯有一颗永不陨落，在前方闪耀曙光。”

卡蒂此剧曾于1968年3月15日在巴黎东方剧院公演，表现一群当代法国青少年集聚一堂，竞相找寻巴黎公社英烈欧仁·瓦尔兰（1839—1871）遗留下来的一块怀表。剧中着重说：“远在1871年3月18日以前，欧仁·瓦尔兰就起步了。街垒上，他坚持到最后……血泊里，在凡尔赛士兵的皮鞭下，他的怀表还在继续走，指示时间。瓦尔兰的表，就是今天圣布莱茨街的太阳。”

是的，追昔抚今，瓦尔兰的表依然标示着巴黎公社的历程。对于“樱桃时节”的恋人来说，这只表并没有丢失，它永远也不会消逝。《欧仁·瓦尔兰传略》的读者都知道，他这只银质外壳怀表得于1864年。那时期，欧仁·瓦尔兰整日四处奔波，自己忍饥挨饿，募捐来4 000法郎巨款支持巴黎装订工人艰难的罢工。工友们对此感激深切，送他一块银表，外壳上铭刻“赠欧仁·瓦尔兰，谨表装订工人的谢忱”。

尔后，到1871年保卫巴黎公社，瓦尔兰任最后一届军事代表，始终怀揣这块银表。玫瑰生花之日，公社却陷入死境。瓦尔兰凝望淅沥的冷雨，对守在一旁的作家茹尔·瓦莱斯说：“我们将被活活撕裂，死了拖进泥里……”果不出所料，5月28日下午三时，公社最后一个阵地朗波诺街垒失守了。瓦尔兰被一个黑衣教士认出。凡尔赛军中尉西克尔将他抓获，抢走怀表，押去处决。瓦尔兰从罗什舒瓦街穿过克里尼昂古尔街和拉迈街，被押解至蒙马特尔高地。途中，他遭猬簇蜂拥的恶妇唾面，狂嚎叫呶的兵痞刀戳，满脸血肉模糊，一只眼球脱眶，最后在玫瑰街高呼“公社万岁！”后饮弹倒下。

继而，数万公社社员一批批被杀戮或监禁。其时，清朝人张德彝适驻巴黎，目睹泰坦被镇压的情景，在《三述奇》中称道那些“叛勇”：有仰而笑者，“虽衣履残破，面带灰尘，其雄伟之气，溢于眉宇”。现今，笔者云游到瓦尔兰罹难旧地，见彼处已更名为“德拉巴尔骑士街”，巷尾兀立圣心大教堂。一般人不知那白色庞然大物正是虚称维护“公益”，实为永镇巴黎公社而建。我微步细寻，杳无遗迹。欧仁·瓦尔兰死时，残躯无人营葬，故无墓可供后人凭吊。然而，龚古尔文学院院士吕西安·德卡沃在他的一部小说《弗莱蒙》里，描叙老公社社员葛洛麦斯流亡瑞士的生涯，其中有言：“3月18日老社员聚会，葛洛麦斯从卧室将瓦尔兰的肖像移至饭厅，悬于餐桌上方，似乎让他也入席……瓦尔兰俯视着他幸存的战友们，似欲一叙积愫。”

从此，公社信仰者一年一度欢聚的传统被延续下来。1991年3月17日，我在法国巴黎应邀参加巴黎公社之友协会举办的“兄弟宴会”，于诸英烈剪影中一睹瓦尔兰遗像，从该会负责人让·勃莱尔的演说里领略了人们对这位已故公社代表的崇敬。的确，早在1869年国际工人协会巴塞尔代表大会时，瓦尔兰就表露了他对铲除专制恶世和实现共产主义理想的决心。追忆斯人，其一生所为，莫不本于公者，给后世留下了一个“社会公仆”廉素坦迈的形影。自瓦尔兰被害，于今百载有余，劳动大众对他仍怀念不已。1988年夏，法国电视一台播放了其记者跟蒙特勒伊市几位普通妇女的谈话，她们都说："共产主义定会复生，那将是巴黎公社。"应邀到莫斯科，我也遇到了巴黎公社精神遗产的继承者。风云变幻中，他们在自己的国家创立了巴黎公社之友协会。有感于斯，我在该组织成立大会上高诵了欧仁·鲍狄埃的诗句：

> 他们枪杀了瓦尔兰……
> 血沃公墓的土壤。
> 他们以为截断了公社的臂膀，
> 抽干了她动脉的血浆。
> 尼古拉呀！
> 这一切都是枉费心机，
> 公社并没有覆亡！

眼下，法国巴黎公社之友协会正开展活动，同时，《电视综艺》杂志宣告，著名电影艺术家克洛德·桑德里决定把茹尔·瓦莱斯描写的一个巴黎公社社员成长的三部曲（《孩子》、《中学毕业生》和《起义者》）搬上国家电视二台荧屏，破夏立即开拍。窃思，他日停机时，塞纳河之湄将向人们展现欧仁·瓦尔兰以怀表所示的前程。极目彼岸，霎时顿感慰藉。

风信子的精灵

——巴黎公社的剑侠爱德华·莫罗

爱德华·莫罗（Edouard Moreau）

爱德华·莫罗（1838—1871）性喜洁白的风信子，春日发华，一串串总状花序，颇有翩翩贵族少年风采。正是在1871年大地萌动的春天，他义无反顾地投身被卡尔·马克思形容为“冲天”的巴黎“三月十八日运动”。爱德华·莫罗才华卓著，被时人誉为巴黎公社中央委员会的“灵魂”。公社失败，他回天无力，惨遭奸雄梯也尔野蛮杀害，令人痛心。然而，在诸多巴黎公社活动家中，他却是在国际上最不为公众所知的一位巴黎公社的自由英烈。十卷本《我的红色手札》作者马克西姆·维约默说：“爱德华·莫罗无疑是三月十八日起义最杰出的形象。他起草巴黎公社中央委员会最早的《告法兰西人民书》，行文十分凝练。”作为记者和历史学家的维约默于1910年结识爱德华·莫罗的亲密女友卡洛丽娜·斯特罗斯，听对方详细叙述了爱德华·莫罗的生平，直至他参加巴黎公社运动，被凡尔赛匪帮枪杀的经历。

卡洛丽娜·斯特罗斯是一位女演员，1867年3月27日在莫罗的剧作《针尖》首演时跟作者邂逅，二人心有灵犀一点通。莫罗随后寄给女方一首诗《假如我爱上你》：

两人面对面，
碰触你的目光，
一片柔情似水如注……

其间，莫罗刚丧失情侣阿黛尔·亚当，已允诺迎娶追求他的邻女玛丽-埃龙·维尔弗丝为妻。但他真正钟情的是卡洛丽娜·斯特罗斯，也恰是此女在整个巴黎公社的战斗中同他相伴始终。

爱德华·莫罗自幼立志文学事业，写诗歌，尤其热心戏剧创作。他深受马利沃和博马舍影响，不喜欢莫里哀的喜剧，更蔑视小仲马之辈，曾将处女作呈递“意大利剧院”，《在帕西》、《最后的仇杀》和《针尖》等几部剧作相继在巴黎“福利亚游乐剧场”和“夏西尼剧院”上演，显露歌剧才华。莫罗关注克里米亚战争。他虽出身贵族，但本人厌恶封建贵族享有特权，总感觉“自己成了既有秩序的囚徒，仿佛生活在墓地里，难免命途多舛”，而将希望寄托在莳养白色的风信子上。

1855年5月，莫罗阅读了克拉翁公主的遗篇，迷上了托马斯·莫尔的小说《乌托邦》，从而更加景仰法国大革命。年轻的爱德华·莫罗为一腔爱国热忱所鼓舞，1870年8月，他听到普鲁士军队烧杀抢掠的野蛮行径，志愿参加巴黎国民自卫军，被编入第183营，担任营长布丹的文书。他不信任巴黎城防司令特罗胥，希冀奔赴前线，能在沙场上跟女友卡洛丽娜重逢。为此，他向指挥官布丹表达心愿。果然，卡洛丽娜应召到第185营当护士，他对伊说：“后天拂晓我们终于能够出征，荣幸地为法兰西牺牲自己的生命。”爱德华留下一封信给女友，说：“战友们纷纷与亲人告别。我心中充满热吻，但双唇上却无人亲昵。”

爱德华·莫罗参加的尚比尼战役极其惨烈。据称法方战死者达3万人，仅损失的战马就足够全巴黎市民吃15天。营长布丹表彰莫罗“沉着作战，为同胞们树立了榜样”。可是，莫罗公然拒绝接受“国防政府”奖赏，因他鄙视卑劣的“国防政府”出卖巴黎，同俾斯麦签订屈辱条约。32岁时，爱德华·莫罗从研究诗歌的浪漫文学，转为“政治文学”，同龙格一道主持起草了一份《告法兰西人民书》，用充满爱国、爱人类的绝妙笔触，如同火炬般阐明了“三月十八日运动”的要旨，与第一国际巴黎支部的宣言共鸣：争取“无产阶级的解放”。面对梯也尔处心积虑要改组军队的企图，2月24日国民自卫军召开大会，一致通过了爱德华·莫罗的提案，决议由各区自卫队代表组成一个联邦性质的中央委员会。由此，爱德华·莫罗频繁活动，明誓将“三月十八日运动”进行到底。他在给女友卡洛丽娜的信中表示，要在这个岗位上视死如归。“我经过深思熟虑，完全意识到，要加强抵抗精神，”他写道，“自己重任在肩，倘若你再见不到我，那就在此一别了。”

巴黎局势日趋紧张，普鲁士军队的3万人要在24日午夜进入巴黎。警报已经拉响，国民自卫军各营队必须尽快集合，抵御来犯之敌。3月15日，新成立的国民自卫军中央委员会再度举行会议，抵制国防政府欲解除国民自卫军武装的阴谋。3月17日，巴黎民众阻止当局抢夺孚日广场上的大炮，将之转移到伯利维尔区政府。3月18日，军民联合，在蒙马特尔高地起义。凡尔赛阵营的历史学家马克西姆·杜岗见证："一个机智灵巧的人陷得太深，无法自拔。他就是爱德华·莫罗，中央委员会的'灵魂'。"

一度参与巴黎公社的克吕泽烈将军指出："'中央委员会'里绝大多数是无产者，几天内的作为胜过巴黎公社几个星期的奋斗。"蒙马特尔民众夺回大炮事件发生后，中央委员会成了事实上的"临时政府"，但爱德华·莫罗谦逊地婉拒了参加公社选举提名，一意将权力移交给普选产生的公社委员会。巴黎公社诞生翌日，中央委员会在原奥斯曼男爵市政大厅举行交权会议，决定将革命权力交给巴黎公社，不干预公社的行动，委员会的权力只限于重组国民自卫军。

对于中央委员会此举，领导第一国际的卡尔·马克思于1871年4月12日致信库尔曼医生，提出中央委员会过早地放弃了自己的权力。马克思强调，这是一个错误，起义者本应该不失时机地向凡尔赛进攻，取得军事胜利。但是他们过于天真地"顾虑良心"了。客观地看，如果巴黎公社社员不犯这一致命错误，其随后的状况会迥然不同，一些错误措施可能得以避免。

作为中央委员会代表，爱德华·莫罗在公社军事部竭力改组国民自卫军，加强巴黎防务。他赞赏公社右岸总指挥东布罗夫斯基积极向他提供凡尔赛方面的军情，坚持公社对凡尔赛的包围。他看到公社在军事指挥诸方面存在重大弱点，却无力有效改进军事部的管理。4月30日，在公社军队撤出伊西炮台后，公社军事代表克吕泽烈因怠忽职守被免职逮捕，由参谋长路易·罗塞尔继任总指挥。

罗塞尔毕业于法国军事学院，仅仅出于抗击普鲁士军队，解救巴黎城被围的动机参加巴黎公社，个人并无社会革命的抱负。但是，他有职业军人的敬业精神和军事才干，上任后有效地整顿公社的军事部，集中指挥权，调集万人兵力，准备对凡尔赛发动攻击，并得到爱德华·莫罗的支持。莫罗主动当他的助手，努力收集战事情报，期望靠他制订的一整套振兴巴黎城防的方案扭转公社在军事上松散的被动局面。罗塞尔也宣布，应该“保障中央委员会的革命权威”，战时必须进行军事集权，统一指挥，因此应取消当时兵团指挥官由民主选举产生的程序。然而，这一主张遭到中央委员会几乎所有反对集权的军队长官的抵制。反对者联合前往“救亡委员会”示威，要求罢免新上任的军事总指挥。应时产生的公社救亡委员会出面调解，但拒绝撤换罗塞尔，任命爱德华·莫罗以公民代表身份进入军事部辅佐，后者支持军事总指挥在特殊情况下实行专政的立场。罗塞尔一向厌恶公社委员会喋喋不休的无谓争论，面对委员们强烈反对军事集权的压力，看到扭转巴黎公社军事劣势为时已晚，不免产生失败主义情绪，不愿接受公社挽留他担任军事代表的职务，致使公社军事部在大敌当前时群龙无首。无疑，没有总指挥的部队是绝对无望在疆场上获胜的。

巴黎公社军事代表路易 · 罗塞尔

此时，公社不得不任命德勒克吕兹为军事代表来主持战事，但他完全不懂战术，又排斥爱德华 · 莫罗。德勒克吕兹不仅不愿听取这位驻军事部公民代表关于局势危机的报告，甚至将他支开，派他去军需处负责后勤。爱德华 · 莫罗仍凭借自己在中央委员会的威望，竭力做好一切工作，他成为实际上的“军事委员”。可是，公社在军事上的弱势已成定局。

5月22日，凡尔赛军队破城攻入巴黎，公社战士修筑街垒，奋起抵抗，开展激烈巷战。5月23日，自卫军右岸总指挥、波兰血统的东布罗夫斯基将军在米拉街垒受致命伤而牺牲，巴黎公社失去了最杰出的将领。5月25日，时任公社军事部代表的德勒克吕兹，在伏尔泰街无望地坚守时，突然跃上街垒，面朝敌人，仰天嗟叹，饮弹身亡。5月28日，第一国际会员欧仁·瓦尔兰在最后时刻接任军事代表职务，指挥街垒战斗时落入敌手，被凡尔赛匪帮捆绑游街，押解到蒙马特尔高地被枪杀。其时，被当街推到墙根直接射死的普通公社社员超过3万人。罗塞尔也以“叛逆罪”被凡尔赛军方无情处决，此为后话。

法国大诗人雨果这样描述当时的惨烈场景：“洛博兵营爆发出凄惨的声响，有如开启和关闭坟墓的惊雷。”巴黎公社史学家玛塞尔·舍尔弗在归结爱德华·莫罗的厄运结局时，追述了他生命的最后故事：在1871年5月的“流血周”里，爱德华·莫罗自知难免一死，牺牲前在利沃里大街10号，想见女友卡洛丽娜·斯特罗斯最后一面。卡洛丽娜急急赶到，陪伴他走完生命最后一程。他们俩被一个凡尔赛军中士兵押解到洛博兵营。临时军事法庭下令驱逐陪同爱德华·莫罗的女子，但卡洛丽娜不肯离去，反驳道：

“莫罗先生有妻儿，他要给我写下遗言，我不能走！”

“给我滚开！”主持审判的上校吼叫，卡洛丽娜被赶到夏特莱广场。她怅惘地站立在那里，朝洛博兵营方向眺望，却不见莫罗的身影，只是听见可怕的枪声响起。后来，这场屠杀的幸存者戈迪耶转达莫罗临刑前对他说的一句话：“告诉朋友们，我是嘴里叼着烟卷儿平静死去的！”国民自卫军第183营营长布丹并不赞成他原先的文书投身巴黎公社事业，听到这一消息后哀叹：“他是一个诚实无私的人，成了乌托邦的殉道者。”

令人称奇的是，莫罗的发妻玛丽虽然因丈夫有外遇而心灵受伤，但她却对丈夫忠贞不渝。莫罗牺牲后，她守身如玉，终身不再嫁人，甚至拒绝了法国著名画家德加的热烈求婚。至于卡洛丽娜，她因始终同情人爱德华·莫罗共患难，更因在“五月流血周”街垒战中抢救过受伤的公社社员，被梯也尔和麦克马洪的法兰西第三共和国视为“大逆不道”，不断受到法律诉究。幸亏有其弟艾弥尔·斯特罗斯的亲情护佑。艾弥尔系巴黎上诉法院法官，娶《卡门》作者比才的遗孀为妻，去世时将全部遗产留给在社会革命风暴中遭遇不幸的姊妹，使之得以在一个不公道的现实社会制度下勉强生存。

早在1867年5月6日，爱德华·莫罗曾献给卡洛丽娜·斯特罗斯一首情诗，其中一节曰：

假如我爱上了你，
你柔媚的目光
是我的宝石，我的珍珠，
让我一生惜福……

英豪其萎，夕贤已逝，今朝唯余那风信子沁人心脾的芳香。

甘洒热血的波兰将领

——巴黎公社城防司令东布罗夫斯基

东布罗夫斯基（Jaroslaw Dombrowski）

1983年，中国青年艺术剧院排演巴黎公社大型历史剧《樱桃时节》时，波兰驻华大使馆给演员们专场放映了波兰影片《东布罗夫斯基》，生动回述了这位波兰爱国志士从反对俄国沙皇统治到为捍卫巴黎公社而战，壮烈牺牲的事迹。

东布罗夫斯基被誉为巴黎公社最杰出的军事将领。他于1836年11月13日生于波兰一个没落贵族家庭，9岁被送入布列斯特–立陶夫斯克士官学校，17岁毕业，获少尉军衔，赴高加索服役，开始戎马生涯，1859年在军事学院受训期间晋升为上尉。此间，他接触一群反对沙俄专制的爱国军官，1861年在华沙参加反沙皇的起义，成为波兰爱国委员会的领导成员，拟于1862年7月14日法国大革命73周年再度起事。最后，这次反叛活动失败，东布罗夫斯基于当年8月14日被捕，被判处死刑，监禁两年后，改判流放西伯利亚服15年苦役。

影片《东布罗夫斯基》带给观众最动人的镜头，是革命者忠贞不渝的爱情。东布罗夫斯基被沙皇关进监狱后，一位真诚爱他的女郎前往探监，提出跟他结婚。东布罗夫斯基心知自己已成死囚，不肯耽误女郎的前程，但女子一意坚持，二人遂在狱中举行了“刑场上的婚礼”。然后，女方甘愿跟随丈夫一同被放逐。

后来，东布罗夫斯基经友人营救，逃脱了沙皇的魔爪。他先解救了妻子，经斯德哥尔摩，于1865年抵达巴黎，加入波兰流亡者联盟。1866年，他曾提议由波兰流亡者组成军队，前往意大利支援加里波第反抗奥地利帝国的斗争。在巴黎，他先后结识了参加过法国1830年七月革命和1848年二月革命的新闻记者德勒克吕兹和另一位信仰社会主义的记者维尔莫莱尔，以及第一国际巴黎支部领导人欧仁·瓦尔兰。这3人后来都在巴黎公社“流血周”里牺牲，成为令人追怀的“冲天”英烈。根据梅特隆主编的《法国工人运动人名辞典》所载，东布罗夫斯基当年加入了第一国际巴黎第十三区支部。普法战争时期，巴黎遭普鲁士军围城时，他向第三共和国毛遂自荐，表示愿出面承担军务。但是因为他写了一本小册子，批评时任巴黎城防司令特罗胥无能，他的请缨遭到“国防政府”的拒绝。

1871年3月18日后，巴黎公社承认东布罗夫斯基有军事才能，任命他为国民自卫军第11军指挥官，接着担任巴黎城防司令。罗塞尔担任公社军事代表后，为应对紧急局面，采取了一系列重大措施，于5月5日任命东布罗夫斯基为国民自卫军右岸总指挥，另一波兰将军符卢勃列夫斯基为国民自卫军东岸总指挥。两位优秀的波兰将领相互配合默契，东布罗夫斯基以炮兵机动分队骚扰战术，取代步兵采取行动前用炮轰开道的方略。他们的英明指挥在一定程度上压制住了凡尔赛军的进攻势头，减缓了敌方的挺进速度。奸雄梯也尔看出东布罗夫斯基是位军事奇才，暗派奸细企图用金钱收买他，让他归附“正统”。梯也尔给出100万法郎赏金，只要他能献出一座巴黎城门给凡尔赛匪帮。东布罗夫斯基岂是个贪图金钱而出卖正义事业之人，他向巴黎公社建议“将计就计”，让凡尔赛分子进城来，瓮中捉鳖，将对方一网打尽。然而，随着公社在军事上接连失利，东布罗夫斯基直言国民自卫军指挥不当，一些人对他是否忠于公社产生了怀疑。尽管如此，东布罗夫斯基毫不动摇。女战士路易丝·米歇尔为东布罗夫斯基辩护，保证他绝对不会为反动派服务。

5月22日，在街垒战最激烈的时刻，有人见证东布罗夫斯基骑着他的那匹黑马，在利沃里街率领一个高唱《出征歌》的营队，向敌人发起猛攻。队列里有不少妇女，一位怀抱婴儿的母亲走在最前列。东布罗夫斯基将军公开现身，给了广大抗敌的社员莫大鼓舞。不幸，5月23日，东布罗夫斯基在米拉街垒战中受了致命伤，被送到拉里布瓦希埃尔医院后不治身亡。他的遗体以红旗覆盖，运往拉雪兹神甫公墓安葬。沿途公众悲愤痛心，夹道默哀。车队经过巴士底广场时，国民自卫军将士脱帽哀悼，场面动人心魄。《人民论坛报》主编利沙加勒写道："街垒的公社战士把将军的灵柩置放到'七月圆柱'下，他们手举火炬，围绕祭台鱼贯前行，去亲吻死去将军的额头。"可见这位逝者榜样影响之大。东布罗夫斯基将军下葬时，公社战士列队墓前，维尔莫莱尔致悼词，声言："我们竖立起他的灵柩架，就是要表示，他是永远也不会在军阀、主教和银行家的炮口前屈服的！"60多年后，西班牙内战时，前来声援的国际纵队中，波兰、捷克和匈牙利营就以"东布罗夫斯基"命名。

法国"巴黎公社之友协会"秘书长让·勃莱尔曾给我讲述东布罗夫斯基为保卫公社甘洒热血的事迹，令他难以忘怀。他回忆，波兰派摄制组来巴黎拍影片《东布罗夫斯基》，当时正是他为波兰方面当的向导。1871年春天，有400—600名在法国的波兰移民投入巴黎公社运动，参加了保卫公社的街垒战，其中东布罗夫斯基、符卢勃列夫斯基、奥克洛维茨和罗曼·切尔诺莫斯基皆有将军衔。当时，东布罗夫斯基牺牲的消息一传开，给巴黎公社社员们的震动非常之大，有些妇女泪流满面，痛不欲生。悲声唱起歌谣《樱桃时节》：

一串串樱桃蕴含着爱情，
从叶间脱落，宛如滴滴鲜血……

东布罗夫斯基不愧为一位“冲天”英烈，巴黎公社的优秀儿女。需要提及的是，由于梯也尔之流的劣迹，迄今已经找不到在墓地掩埋的东布罗夫斯基的遗骸了。

“樱桃时节”

——巴黎公社教育委员让-巴蒂斯特·克莱芒

让-巴蒂斯特·克莱芒（Jean-Baptiste Clément）

20世纪70年代末叶，我在巴黎伯利维尔区的麦尼尔蒙坦林荫大道上偶听一个金发飘逸的法国少女唱《樱桃时节》，如日月入怀，悠然神往。我遂行至拉雪兹神甫墓地，找到这首歌作者的石墓，墓碑上铭刻着“让-巴蒂斯特·克莱芒（1836—1903）”字样。逝者的青铜胸像前摆满红艳艳的樱桃，散发新奇浪漫的气息，将来人引入大自然梦幻氛围，心海里的幽思境界：

当我们歌唱樱桃时节，
活泼的夜莺和俏皮的画眉，
啭啼欢悦！
美丽的姑娘在痴想，

恋人的心怀充满阳光……

星霜荏苒，将近50年过去了。我再来拉雪兹神甫公墓时，克莱芒的石墓上情景一仍其旧。他的青铜胸像前依然置放着人们奉献的一串串樱桃，宛如柔情少女们摘下的红珊瑚耳坠。诗人克莱芒安葬在“公社战士墙”边绝非偶然。他于1871年3月18日后在蒙马特尔高地取代被民众革命浪潮卷走的克列孟梭，不久当选为公社委员，4月21日起任教育代表。后来，公社遭受镇压，他经比利时流亡到伦敦，因曾参加保卫公社的街垒战，1874年被凡尔赛军事法院缺席判处死刑。今人怀念他，总会唱起《樱桃时节》。人曰:《樱桃时节》就是“公社时节”。这一“公社情结”缘于1871年春天的一段往事。

1871年5月28日，克莱芒跟几个仅剩的公社社员坚守在离拉雪兹神甫墓地不远的封丹奥鲁瓦街垒。约莫上午11点钟，一个年轻女子提篮赶来救护伤员。克莱芒和参加过1848年革命的几个老战士因形势危险，催促她赶紧离去，但对方不肯听从，一直战斗到街垒失守，最后淹殁在镇压的血泊里。人们不知道此女的姓氏，只记得她芳名路易丝，是一个普通女工。1885年，克莱芒将他出版的

《咏唱诗歌集》题献给路易丝女公民，并给《樱桃时节》添加了一个尾声：

我永远怀恋那樱桃时节，
为逝去的年华，
心痛欲裂！
命运女神的青睐，
也不能让我的创伤止血。

《樱桃时节》，（法）维莱特创作

蒙马特尔艺术家维莱特为《樱桃时节》配了一幅画，表明所有那些在“梦幻里攀摘珊瑚耳坠”的美丽姑娘都遭受了厄运。在这位画家的笔下，那位跟克莱芒一起“神游梦乡”的佳丽被宪兵逮捕，双腕被铐上铁链。她采来的一满筐樱桃被粗暴的胜利者夺去。维氏还根据“五月流血周”的惨象，颇有讽刺意味地把克莱芒原诗的第一节改为：

待到那樱桃红艳的时节，
愚笨的警察和自命不凡的法官，
纵情狂欢！
宪兵们异想天开，
诗人在牢狱里忍受熬煎。
待到那樱桃红艳的时节，
镇压的枪声呼啸满天！

梯也尔靠“霰弹和夏塞波枪”恢复了既有“秩序”。而今，在以私有制为基础的社会里，樱桃岁岁红艳，但贫苦的恋人却没有采摘“鲜红耳坠”的自由。果园里满目是愤怒的樱桃，一颗颗从叶间脱落，宛若从“贱民”破碎的心里滴下的鲜血。由此，《樱桃时节》就成了巴黎公社的恋歌，同欧仁·鲍迪埃的《国际歌》一样，成了巴黎公社文学的光辉结晶。1984年，曾经到中国访问时一度轰动上海的法国女歌星多萝黛在巴黎电视二台演唱《樱桃时节》。她扮成一个素装村姑，提着一篮子樱桃，把动听的歌声送给巴黎巷战中守卫街垒的公社社员，同时给他们分发樱桃。她的演唱让全法国最受欢迎的《多萝黛俱乐部》电视节目一度收看人数高达数百万。众人联想起克莱芒早年写下的情诗：

一串串樱桃蕴含着爱情，
从叶间脱落，宛如滴滴鲜血。
多么短促呀，樱桃时节！
梦幻里攀摘珊瑚耳坠的岁月！

《樱桃时节》在民间流行极广，从第二帝国时期至今，已有查理·特莱奈、伊夫·蒙当、玛赛尔·穆鲁齐、娜娜·穆思古里、朱丽叶·格莱果、列奥·费雷、让·费拉、芭芭拉·亨德里克斯和乔治·勃拉森斯等60来位在法国家喻户晓的歌星专场独唱，《樱桃时节》被比利时籍的男歌星雅克·勃莱尔称为“超越一切时代的美丽情歌”。

在大众文艺领域里，《樱桃时节》一歌影响深远。从20世纪30年代起，民众诗人雅克·普雷维尔和著名导演朱利安·杜威维埃都在各自的作品里凸显《樱桃时节》的浪漫格调和浓厚诗意。杜氏的影片《日暮》由两位老牌明星米歇尔·西蒙和路易·儒韦主演，奥黛特·塔拉札克演唱《樱桃时节》，为法国影坛留下悠远无尽的余韵。到1952年，经典影片《金盔》在其尾声激情的最高潮，响起《樱桃时节》感人肺腑的旋律。悲剧骤变，音乐强烈的节奏让人心涛翻腾，久久难以平息。尔后，电视系列片《送面包女》，以及《狄安娜》《索莱斯的面包师》等不下几十部故事影片里，都有歌唱《樱桃时节》的镜头。偶有芬兰和日本的影片，直接用法语咏唱这支歌。至于《樱桃时节》唱片专辑，更不胜枚举。巴黎“自由意向电台”将《樱桃时节》作为开播曲，每日放送。更有《白衣女》套曲中，一条被渔民救上岸的受伤美人鱼，竟然也唱起克莱芒这支情歌来。特别有意味的是，巴黎电视台在1979年夏天播放了中国歌手楼乾贵用汉语演唱的《樱桃时节》，引起法国观众极大兴趣。

在庄严的场合也听得到这首歌。1996年1月10日，巴士底广场上举行法国前总统密特朗追悼会，女歌唱家芭芭拉为这位社会党领袖唱的“安魂曲”正是《樱桃时节》。2015年1月10日，法国军队合唱团首次歌唱《樱桃时节》，全民追思巴黎遭恐怖袭击的受害者。笔者在写本文的当儿，巴黎古典音乐台恰在播放此歌，闻之不禁心潮起伏，浮想联翩。

追溯到1866年5月，克莱芒因反对拿破仑三世帝国专制，被迫去国，踏上流亡比利时的佛兰德斯之路。途中，他在贡希–莱波村歇脚，从一家小咖啡馆翘首四望，见乡野处处樱桃红艳，感兴所致，写下《樱桃时节》一诗。他到达比利时首都布鲁塞尔，在流浪街头偶遇昔日好友——巴黎大歌剧院演员勒纳尔，两人相见甚欢。勒纳尔询问朋友新近有何诗作，克莱芒从口袋里掏出他写的《樱桃时节》手稿。勒纳尔一读，立刻被诗句拨动心弦，欣然为《樱桃时节》谱出美妙的旋律。当年，诗人跟音乐家邂逅之时，正值严冬，克莱芒衣衫单薄，在寒风中瑟缩。勒纳尔见状，脱下自己的绒毛上衣赠给朋友穿上。克莱芒在异国生活无着，为了糊口，不久被迫将这件上衣卖了14法郎。这就是《樱桃时节》一诗作者所获的“唯一稿酬”。

所幸，克莱芒并不愿靠挣稿费谋生。后来他继续挥笔写诗歌，是为了给穷苦人咏唱。他表示，自己决心“到贫民窟里，到矿山、工厂和工地去与工人结合，用简练的语言来反映劳动者的痛苦和无产阶级的愿望”。出于这一夙愿，1871年春天他投入了轰轰烈烈的巴黎公社运动，成为一个社会革命的终生斗士。

特里斯丹·雷米为让-巴蒂斯特·克莱芒立传，题名《樱桃时节》，追述他咏唱诗人的生涯。克莱芒于1837年生于巴黎东部塞纳河畔的蒙弗麦伊村，父亲是当地一个磨坊主，家境富裕。然而，他自幼誓与穷苦人为伍，14岁时离家当铜匠，独自谋生。作为探求社会变革的咏唱诗人，他到巴黎跟一群信仰社会主义的记者来往，为茹尔·瓦莱斯主办的《人民呼声报》撰稿。第二帝国时，他相继在德勒克吕兹和维尔莫莱尔编辑的《改革报》上发表文章，终因冒犯皇帝而获罪。克莱芒最初写的咏唱诗歌已流露出社会革命的思想。在《未来之歌》里，他呼唤一个“劳动者的一七八九”。巴黎公社正是实现他这一夙愿的契机。1871年3月18日，公社革命爆发，他在巴黎第十八区（蒙马特尔）当选为公社委员，先负责公共服务与给养委员会工作，4月16日改任军需代表，不到一周又进入教育委员会，没日没夜地为新生人民政权奔波忙碌。5月21日，凡尔赛匪军进入巴黎，他拿起武器，跟费烈、加姆邦等几位公社委员一起，参加公社最后一任军事委员欧仁·瓦尔兰组织的巴黎保卫战，坚守街垒到最后一刻。街垒失守，他被一个工人营救，在掩蔽处目睹无数公社社员惨遭梯也尔的走狗加利费之流枪杀，写下揭露刽子手暴行的诗歌《“滚到墙根儿去”上尉》、《让娜》和《流血周》。《流血周》调寄彼埃尔·杜邦的《农民之歌》，题献给1871年的烈士，诗句撕心裂肺，流传至今，每每在工人运动的纪念日被咏唱：

他们搜索、禁锢、
枪杀所有随意抓来的人，
甚至杀害守护女儿的母亲
和老爷爷怀里的幼孙……
实行白色恐怖的
是一伙酒馆的无赖
和帝王的宠臣。

克莱芒义愤填膺，继续咏唱道：

民众难道永远套着贫困的颈枷……
到什么时候，
神圣家族再不能把我们当牛马？
什么时候，
正义和劳动的共和国将最终出现？

正像这首诗歌结尾所说的，作者坚信“世道不会总这样黑暗。穷苦人将再度揭竿而起，齐心把血债讨还”。公社被镇压后，克莱芒加入了盖得和拉法格领导的“法国工人党”，号召工人群众以“总罢工”来抵制资本主义制度。同时，他没有放下“诗琴”，于1885年出版了自己的《咏唱诗歌集》。值得提及的是，他的一些诗现今成了法国幼儿园和小学里深受喜爱的儿歌，最有名的一首是《来跳金莲花舞》：

咱们来跳金莲花舞
我们家没有面包，
邻女家真不少。

可那不是给我们的，

哟！

1903年，克莱芒辞世，巴黎约5 000名群众给他护灵。“红色诗人”克洛维斯·于葛赋诗为他悼亡，与逝者生时咏唱的《樱桃时节》应和：

令人欣慰的是，

在野罂粟花的红艳中，

你辛劳的果实，

《樱桃时节》作者让-巴蒂斯特·克莱芒石墓

正含蓄着汁浆……

待到那樱桃红艳的时节，

天空的飞鸟，

共度那美好的时光！

巴黎蒙马特尔高地是巴黎公社运动的摇篮，让-巴蒂斯特·克莱芒堪称一位继承蒙马特尔传统文化的咏唱诗人。至今，那里的“蒙马特尔自由公社”仍有一个以诗人名字命名的广场，供人追怀《樱桃时节》的歌者。

“悲惨世界”的荷马

——法国文豪茹尔·瓦莱斯

茹尔·瓦莱斯（Jules Vallès）

1885年2月14日，茹尔·瓦莱斯（1832—1885）辞世。出殡那天，巴黎约有10万名群众涌上街头，为逝者送葬。当时，幸存的巴黎公社委员阿姆鲁、艾德、瓦扬等人将难友的灵柩护送至拉雪兹神甫墓地掩埋，马克思的大女婿龙格挥泪致悼词："人类永远不会忘记那些为其开拓自由、正义和幸福的卓绝斗士。"欧洲各国的社会革命者也纷纷赶来参加葬礼，欧仁·鲍狄埃写下哀悼诗篇：

俾斯麦及其仆从，
没能把"国际"消灭，
今天，德意志把社会主义的花圈
敬献给瓦莱斯这位英烈。

当战斗的时刻来临，
凶残的资产阶级将会听到，
那熊熊的革命之火
在大地喧腾激越！
被剥削者啊！
让你们点燃的烈焰来火化
这受苦人的代表，
被枪杀者的使节！

逾年，鲍狄埃跟众人一起在“公社战士墙”前献花，百感交集，又赋诗道：

顽强的斗士啊，你的墓上，
终岁摆满鲜花；
为民请命的诗豪，
你为何长眠地下？

老诗人之所以对亡友如此感怀，自然是因为茹尔·瓦莱斯曾经投身巴黎公社，为推翻旧世界，消灭剥削与压迫，建立一个没有特权、真正自由平等的新社会赴汤蹈火。

1870年普法战争爆发，第二帝国在色当一役溃败垮台。新成立的“国防政府”继续推行投降政策，阴谋向敌人交出巴黎。瓦莱斯等人揭露这一叛卖行径，起草的《红色公告》贴遍巴黎全城，号召人民奋起成立公社。不久，他创办的《人民呼声报》发行量达10万余份，影响力不断扩大，成了“三月十八日运动”的喉舌。

在巴黎公社的曙光里，瓦莱斯感到他真正成为“一个自由的人”，正实现自己从少年时代就萦系于怀的理想。他当选为公社委员，负责教育工作。

1871年5月21日“流血周”开始，瓦莱斯在市政厅主持了最后一次公社委员会会议，然后披上红色绶带，持枪投入巷战。到28日凌晨5时，他仍然同50多名公社社员一道，坚守在伯利维尔区最后一个街垒阵地上。经过4个小时的激烈战斗，公社炮手牺牲，街垒失守，他化装成军医，乘一辆装满尸体的救护车离开被凡尔赛分子占领的巴黎。

“如果人民再被逐于街巷，在交战中陷于绝境，我还会和他们在一起的。”他描述当日情景，说，“我望着天际，感到巴黎坐落在那儿。天空呈现出不调和的蓝色，聚集着浓密的红云，仿佛是浸在血泊里的特大工装。”

当瓦莱斯透过伦敦浓雾，遥望大洋彼岸的祖国时，仿佛又听到一位老公社战士在萨多利集中营被枪杀前的遗言：“你要活下去，珍惜自由……为所发生的惨事做个见证！这是你对革命应尽的义务。”一想到被凡尔赛分子残酷屠戮的几万公社社员，他就感到自己作为公社作家的责任，要不惜一切为1871年被镇压的无名群众写出“冲天史诗”。

5幕11景大型历史剧《巴黎公社》，就是革命激情与创作才华的结晶。该剧以雄浑的笔力展现了从1848年6月起义到1871年巴黎公社的法国社会生活与斗争的画卷，在欧洲文坛上首次描绘劳苦大众的形象，实践了米舍莱关于“人民戏剧”的理论：“在人民戏剧的舞台上，表现人民自己的传奇，显示他们完成的业绩和现实奋斗，从而达到群众精神上的自我滋养。”

瓦莱斯的这一剧作里，几个主要人物都是确实存在过的。譬如，主要形象彼埃尔·波杜安就是当年老铁匠让·坞莱西耶的化身。这个富于反抗的无产者，从1830年开始参加过多次革命运动。六月起义被镇压，他遭到流放，在非洲受了8年折磨，于1856年返回祖国，尔后又扛枪保卫巴黎公社，为此又被判服终身苦役，被押往新喀里多尼亚岛。作者还着力勾勒了叛徒拉卡泰尔的嘴脸，如果翻翻公社历史，此人正是“流血周”第一天引导凡尔赛军从圣克鲁门进入巴黎的奸细杜卡泰尔。剧中那位新闻记者勃里亚，就是作者本人的自画像。瓦莱斯通过这个小资产阶级出身的革命者，剖析了在革命斗争尖锐时刻，特别是在占领法兰西银行等问题上他自身所暴露出来的弱点，指出优柔寡断、对敌人宽容，给巴黎公社革命造成了严重损害。

在瓦氏戏剧中，人物命运与恢宏的群众斗争场景糅合于一体。各类人物错综复杂的情感纠葛构成了全剧曲折的情节：主人公波杜安的侄女让娜跟青年记者勃里亚相恋。同时，后者又跟一位贵族少妇维尔奈夫人藕断丝连；少妇的哥哥、反动军官波纳尔曾在1848年6月下令枪杀让娜的父亲，20年后突然如痴如醉地爱上了死者遗下的孤女……最后，维尔奈夫人突然答应嫁给她并不爱恋的律师杜勃莱·弗洛杉，以争取这位绅士的合作，设法把勃里亚和让娜从凡尔赛集中营中救走。如此悬念相继，串联成一条曲折的线索，展开了巴黎公社这场民众翻天覆地的斗争画卷。

中国青年艺术剧院导演陈颙将瓦莱斯的《巴黎公社》

搬上我国舞台，取名《樱桃时节》，这是非常有意义的举动。瓦莱斯的剧本《巴黎公社》与马克思的《法兰西内战》是在同样境况下，几乎同时孕育的。前者虽是一部文学艺术作品，但由于它全面地记录了一位公社委员的亲身经历和见闻，因而雄辩地证实了后者关于公社政权性质的论述："它把政权从统治社会、压制社会的力量变成社会本身的生命力"①，"把这个妄图凌驾于社会之上的政权的合理职能夺过来，交给社会上负责的公仆"②。

公仆！这个形象鲜明地出现在《巴黎公社》一剧里。作者不仅讴歌劳动群众推翻旧制度的决心，而且颂扬他们充当社会公仆的崇高意向，反对再出现任何窃取社会主人地位的政府权力。这就是他通过戏剧阐明的道理，及留给后人的启迪。

瓦莱斯的其他主要作品有：《人民呼声报》《反抗者》《街道》《绅士》《穷人的候选人》《布衫》《驯兽女郎》《金钱》《穷大学生回忆录》《伦敦街巷》《巴黎图景》《文学与革命》等，影响最大的是三部曲《雅克·万特拉》，包括

---

① 《马克思恩格斯全集》，第3卷，第95页，人民出版社，1995年版。

② 《马克思恩格斯全集》，第17卷，第359-360页，人民出版社，1995年版。

《孩子》、《中学毕业生》和《起义者》，或者说，还有第四部——《流亡者》。《雅克·万特拉》实为自传体小说，每部皆有一段题词：

> 《孩子》献给："所有那些在学校闷得要死，或在家中哭泣，那些在幼时受教师虐待，或遭家长毒打的儿童。"
>
> 《中学毕业生》献给："那些饱餐希腊文和拉丁文，却在饥饿中死去的青年。"
>
> 《起义者》献给："1871年的英烈，以及所有那些蒙难于社会的非正义，拿起武器反抗一个邪恶世界，从而在公社的旗帜下实现受苦人大联合的斗士。"

以上三部曲构成当时既有秩序下儿童对家庭束缚、青年对大学奴化教育、公民对社会统治的三重反抗，具有猛烈的"煽动性"和持久的生命力。因此，卫道文人沙尔赛攻击作者，说："这个茹尔·瓦莱斯是最卖力往工人头脑里灌输荒谬偏见的人。"

在今天的法国，如果说物质消费欲望湮没着雨果卷帙浩繁的浪漫文学，那么金钱腐蚀灵魂、权势支配一切所造成的精神贫困、烦恼和苦闷则把愤世嫉俗者，特别是青年引向瓦莱斯的《雅克·万特拉》，使他们投身1968年的“五月运动”。从文学艺术角度看，瓦莱斯还是一位独辟蹊径的勇敢开拓者。他摆脱传统小说的时空观，无意再进行纵览全景的客观描绘，而是随意横断环境，选取人们感受最深的瞬间，用“内心独白”来强烈地表露主观情怀，形成“精神脉冲”，即后人逐渐明确的“意识流”。这种大胆革新是对经典修辞学的挑战，突破了“巴尔扎克模式”，成为现代文学的先导。

鉴于茹尔·瓦莱斯文学上的成就，政治上敌视巴黎公社的埃德蒙·德·龚古尔在自己的遗嘱中仍将他和左拉、福楼拜、莫泊桑等10位法国作家一起列入“龚古尔文学院”创始者名单，让他成为该院第一批院士。然而，现实制度的卫道士们还是竭力否定瓦莱斯在文坛上应有的地位。早在1874年，法国作家协会开除了他的会籍。此后，他的作品遭历届共和国政府查禁，被打进“文学炼狱”。直到20世纪初叶，特别是第二次世界大战之后，随着对巴黎公社的禁令解除——更重要的是正义力量的斗争——瓦莱斯在法国文学史上的地位才得以恢复。法国联合出版社出版了吕西安·舍莱尔主编的《茹尔·瓦莱斯全集》,《雅克·万特拉》一再重版，赢得众多读者喜爱，并在巴黎被搬上舞台。

瓦莱斯主张“无限自由”，其思想有浓厚的“反权威”色彩。在19世纪法国各种社会主义流派中，他始终保持自己的独立性。尽管如此，他于1878年4月18日写信给友人阿尔努，向对方索取卡尔·马克思《资本论》的缩写本，以便研究科学社会主义的经济理论。信中，他赞同马克思给“资本”所下的定义，十分赞赏关于“资本是死劳动，它像吸血鬼一样，只有吮吸活劳动才有生命，吮吸的活劳动越多，它的生命就越旺盛”[①]的分析。另外，他认可马克思对“商品”的剖析，认为自己在这方面“已经是共产主义者了”。可见，他的思想在探索中有了进一步发展。

在概括瓦莱斯的文学生涯时，当代法国作家夏勃洛尔称他是“悲惨世界的荷马”。不过，如果说“荷马史诗”叙述天上众神怎样支配地上凡人，那么瓦莱斯的“人民史诗”则反其道而行之。他写出不愿受众神监护的凡人怎样

---

① 马克思:《资本论》，第1卷第八章，第269页。

冲击天庭，为自己掌握自己的命运而不懈斗争。这不正预示着人类的未来吗？

笔者曾去巴黎拉雪兹神甫墓地瞻仰瓦莱斯纪念碑。面对逝者气宇轩昂的胸像，在簇簇红花炽焰的烘托中，观者细读了墓石上的铭文：

“所谓我的才华，乃出自我的信念。”

鳟鱼的厄运

——欧洲画坛朗星居斯塔夫·库尔贝

居斯塔夫·库尔贝（Gustave Courbet）

1977年，库尔贝（1819—1877）逝世100周年时，巴黎格朗宫举办了一次大型画展。2000年3月至6月，法国奥赛博物馆举办了“库尔贝与巴黎公社”画展，仅主题本身就显得有些异乎寻常。但是，英国文艺评论家阿伦·布朗奈斯在他的长篇《序言》里，只字未提及库尔贝与1871年巴黎公社运动的关系。“库尔贝与巴黎公社”画展则不同，展品突出了库尔贝参与巴黎公社遭受苦难期间的绘画和凡尔赛军事法庭审判他的有关历史档案，还特地从苏黎世、伯尔尼和巴黎三地的艺术收藏馆调齐了库氏当时所绘的3幅《鳟鱼》画。

在分析从苏黎世收藏馆借来的《鳟鱼》（1872年）时，奥赛博物馆方表示说，无可置辩，此画包含作者形象，其上标着“作于绑缚之中”字样，表明他像受伤的鳟鱼，被钓钩拉扯到岸上，惊恐万状地在生死场中挣扎。这是一幅自画像，象征着艺术家的厄运。

参观者若近看另一幅《卢河三鳟鱼》，对此定会有一番更深刻的感触。卢河穿流库尔贝的家乡奥尔南，像一条水晶链。笔者曾攀山追溯其源，见一泓清泉从悬崖岩洞里喷涌而出，顺山坡一泻成河。晴日，明镜一般的水面映出危崖云影，恍如幻境。这儿满眼山清水秀，难怪此地出了库尔贝这样的大画家。

第二帝国末期，库尔贝绘制的蒲鲁东肖像遭查禁，在艺术上颇受压抑。因此，他拒绝帝国美术大臣奉谕授予他的“荣誉军团骑士勋章”并登报声明：“窃谓，由君主政体来奖赏艺术家，颁发荣誉勋章，洵是对公众鉴赏力的亵渎。”他宣称要自由地生活，不受御赐绶带的束缚。1871年巴黎公社诞生，库尔贝写信给母亲，说：“巴黎成了一座真正的天堂。”作为艺术家，他感到如鱼得水，有如故里卢河中悠游的鳟鱼。他当选为巴黎公社委员和巴黎美术家联合会主席，极力倡导艺术民主自治，主张尽快向公众开放卢浮宫，并采取了一系列旨在保护国家艺术宝库的具体措施。

巴黎公社仅存在72天就惨遭血洗，库尔贝亦被捕入狱，被凡尔赛军事法庭判定有罪，先后禁闭在凡尔赛的桔园监狱和巴黎的圣贝拉吉监狱。现今，奥赛博物馆揭示了梯也尔政权迫害库尔贝的全过程，从恶人写告密信、警察局长签署拘捕令，到他本人申诉和律师辩护，具体而又详细。凡尔赛分子指控库尔贝煽动群众捣毁旺多姆圆柱，须负担重建圆柱的全部费用。然而，从奥赛博物馆提供的证据来看，库尔贝并没有推倒旺多姆圆柱的动议，该圆柱系由公社委员费里克斯签署法令拆除的。至于库尔贝，他认为那座圆柱象征沙文主义，无任何艺术价值，确曾于1870年以国家艺术委员会主席的名义，建议国防政府将其迁移到一个历史博物馆里。此事原本发生在巴黎公社诞生之前，但是标榜“为艺术而艺术”的高蹈派坛主勒贡特·德·里尔、小仲马、福楼拜等显赫作家硬要把“国防政府”垮台以后发生的事归咎于库尔贝，叫嚷要将他关进铁笼，天天放在旺多姆圆柱底座上示众，或者干脆绑赴刑场正法。文明卫道士之仁爱，可谓至矣！

奥赛博物馆集中展出了库尔贝受难时所作的一幅幅绘画。1871年，他作的《狭谷老树》，上面一块巨石朝山谷中的枯木猛然滚落，暗喻艺术家在公社被镇压后的厄运，

部分公社委员肖像（右侧是被推倒的旺多姆圆柱图）

而那幅《圣贝拉吉狱中自画像》则是他沦为囚徒，苦思纷纭世事的逼真写照。其时，库尔贝的妹妹索埃·雷维尔迪到监牢探视，送去花束和水果，画家激动地重新拿起彩笔。这一时期，他画的《鲜花》《蜀葵》《红苹果》《果篮》等一系列静物，皆映带出一种抑郁的夕阳美色。1872年4月，他异想天开地提出举办一次个人画展，结果被巴黎警察局局长下令阻止。尽管如此，他仍旧素描了6幅《凡尔赛堡大马厩》手折，显示公社社员被捆绑双手游街、囚禁和就地枪决的场景，作为对梯也尔一帮野蛮暴行的见证。

库尔贝一案的审判，拖延了很长时间。1873年5月，麦克马洪把持的国民议会通过重建旺多姆圆柱的决议，勒令库尔贝交纳50万法郎赔偿金，否则要将他流放30年。库尔贝面临再度入狱的危险，匆匆逃到瑞士莱芒湖畔栖身。他在那边孤独生活了4年，最后客死异邦。他死时连本滚利共欠下法国政府3 000余万法郎。法国当局将他存在巴黎画坊的全部作品拍卖，但这也远远抵不了这笔阎王债。有人还记得，在旺多姆圆柱被公众推倒的前夜，库尔贝曾怅望其巅，对作家瓦莱斯哀叹：“瞧吧！圆柱倒塌下来，会重压在咱们身上的。”果不出所料，这位真诚的画家就是因为酷爱自由与平等，几乎被旺多姆圆柱压死。到

被推倒的旺多姆圆柱顶部的拿破仑雕像

了20世纪，法兰西共和国给库尔贝戴上了绘画大师的荣誉桂冠，但对他遭受迫害至死一事，却一直保持缄默。

人们历来从《碎石工》《筛麦农妇》《奥尔南的葬礼》等名画出发，视库尔贝为现实主义艺术思潮的先驱，并视后一幅画为“浪漫主义的葬礼”。实际上，这个标签并不适合他。库尔贝受其挚友蒲鲁东的无政府主义影响，生时就声明自己“不从属于任何流派”。他强调：“现实主义的头衔是强加于我的，正像1830年给了一些人浪漫主义的封号。”还说：“我不仅仅为画家，而且是一个人。简言之，我的宗旨在于创造出活生生的艺术。”这一点，看奥赛博物馆新画展，就会十分明了。库尔贝的许多幅作品，尤其是晚期绘画，已在朝着象征艺术发展。阿伦·布朗奈斯指出：从《画坊》起始，库尔贝的一些作品已经包含着生机勃勃的象征萌芽。譬如，他不再满足于海洋风景写生，而让拉芒什海峡的浪涛在诺曼底峭岸迸溅，象征大海无比惊人的威势和大自然的力量。《风暴后的埃特雷塔峭壁》一画里，海岸上的船舶已显露出人类的象征。这一倾向在《裸女》、《裸女浪花》和《水泉》等作品中显得更为突出。

水泉、溪涧、山洞和岩穴以其深邃的性感形象，丰富了库尔贝的风景画，让人联想到他在大自然面前体验到的人类内心激动。照阿伦·布朗奈斯看来，库尔贝不愧为世界上最伟大的画家。他不仅感染过莫奈、凡·高，而且影响了布拉克和毕加索。安德烈·布勒东则更进一步，将他归入超现实主义阵营，认为其艺术光耀了整个现代绘画艺术。奥赛博物馆公开披露库尔贝受难的内幕，实属首次。它反映法国思想界在冷战结束后虽然出现了一股在意识形态上不容忍异己的潮流，但一些头脑冷静的有识之士，无论其属于哪个政治派别，都已不赞同过于偏执的历史观。这也是笔者在巴黎参观库尔贝画展之余的一种感受。

笔者曾在北京结识了库尔贝博物馆馆长让-雅克·费赫尼耶，回到巴黎恰遇格朗宫国家画廊举办迄今为止最大规模的库尔贝作品展，我们两人欢欣畅谈观感。追溯到1977年，让-雅克·费赫尼耶主持的库尔贝博物馆推出过“库尔贝的大自然颂歌”、“库尔贝与雨果”、“库尔贝与爱情”和“向库尔贝致敬”等40个专题画展，及“毕加索造访库尔贝故居”等多项活动，促进了世界对库尔贝绘画价值的了解，并认识这位经历“19世纪最丰富、最惊人的艺术探索历程”的“现实主义派大师”和“西方绘画艺术的伟大革新者”。

这次巴黎格朗宫的库尔贝大画展，从各处调集了库氏

124幅油画、30幅素描和60余张与之相关的摄影作品，旨在揭示他与浪漫派文化和“新绘画派”的交织，其对马奈、莫奈和塞尚等印象派画家的影响，及其对佛兰德斯、荷兰、威尼斯和西班牙画派的传承，以求给观众一个深刻和多层次的理解。虽然正处严冬天气，又下着冷雨，但观众空前踊跃，竟达50万人之多。笔者从克列孟梭门进入展厅，逐幅欣赏库尔贝的人物肖像、山河湖海风景画和花卉、静物等杰作真品。其中，他最知名的油画《奥尔南的葬礼》，现由巴黎奥赛博物馆珍藏。此画最早参加过1850—1851年的巴黎美术沙龙，描绘了奥尔南小城各阶层约47个不同的人物形象，有官宦、教士、缙绅、商贾、公证人和普通百姓及画家自己的亲友，各具面貌特征，栩栩如生地出现在送葬行列里，构成一幅法国社会缩影。无论从绘画技法还是内容上，它都与大卫的《拿破仑一世加冕大典》形成鲜明对照，并远超后者，突破了新古典主义传统，开现实主义之先河，得到文艺评论家尚弗里的赞许。

而今，笔者目睹一群群参观者涌到《艺术家的画坊》前，欣赏这幅巨型油画：上面画了蒲鲁东和波德莱尔，乃至以“共和国偷猎者”面目出现的法兰西皇帝拿破仑三世，增添了含蓄的神秘色彩。画家自己说：“这是我画坊的历史……任人去猜想。”或许，参观者会联系到傅立叶、蒲鲁东的理论和“恶之花”的美学，至少那是艺术与现实矛盾复合的“炼金术”，一种艺术创作的理念。若说它是“历史”，或曰“历程”，倒也合适。因为，该作品原来被1855年世界博览会拒之门外。后来，作者参加1871年的巴黎公社，遭小仲马等恶人陷害，被迫流亡国外。然而，在长期遭官方弃置之后，这一作品今天以“19世纪艺术史的杰出形象”进入了巴黎大宫殿，受到千万人景仰。相反，小仲马之流的虚伪暴露于光天化日之下，可见历史的判定是最公正不过的。

日本游客特别赞赏《激荡的大海》，亦称《海涛》。这幅作品是库尔贝于1869年所画，以风卷阴云、碧海翻浪的大洋风景象征宇宙狂暴的永恒运动。塞尚曾为这幅作品中那从岁月中汹涌而来的海潮而激情满怀，说：“全场观众都感受到海浪扑面，退而浩叹。”他称此画为“世纪的发现”。库尔贝的“发现”，更主要的是将绘画引进现实生活，由此产生了文艺领域里“现实主义”的新概念。若想要深刻理解这一层面，可赏析油画《塞纳河岸的少女》，这是库尔贝首次描绘巴黎生活场景，但1857年它在巴黎美术展面世时曾受到众多指责。因为，画面上两个姑娘躺在河畔绿荫下憩息，本属民间版画题材，搬入高雅艺术圣殿里难免显得“轻浮”和“肤浅”，更何况那还是两个青楼女子，故被人斥为“媚俗”。然而，当时马奈和雷诺阿等年轻一代画家特别喜欢其中洋溢的生活气息，争相效仿，形成了侧重反映日常现实情景的印象流派。

此次展览的一大亮点是奥赛博物馆同意出借一度曾被视为库尔贝有伤风化的奇画《世界的起源》。美术界人士知道，库尔贝有《熟睡》、《逗鹦鹉的女人》和《世界的起源》等3幅色情相当浓厚的油画，其中以后者最甚。可是，有的美术评论家称它是“现实主义的顶峰”，“与其象征性的名称非常吻合”。法国文学史家蒂埃里·萨瓦迪埃曾写专著评论这一作品，阐述其向现实道德秩序猛烈冲击的实际意义。

《世界的起源》是库尔贝于1866年应土耳其外交官兼收藏家卡里勒·贝之请而画，因其展示女性下体细部赤裸到无以复加的程度，一直不敢让寻常百姓观看，后来干脆传说它已“失踪”。20世纪，纳粹德国和苏联先后一度将之攫为己有，直至1995年被重新发现，最终落入法国著名心理分析学家雅克·拉康之手，被其视为至宝。拉康谢世后，这幅《世界的起源》由其遗孀保存。老人羞于示人，将其束之高阁，还用另一幅画做遮掩。不料，让-雅克·费赫尼耶等收藏家听到风声，多次登门拜见，执着之情感动了老妇，答应有一天要让奇画“完璧归赵”，赠予奥尔南库尔贝博物馆。孰料馆长离去不到4天，老妇便驾鹤归西，该画由拉康女儿做主，交与国家财政部顶替遗产税，寄存于奥赛博物馆。尽管如此，即使在西方，今天这幅作品仍被一些人认为“莫可名状”。

一些参观者特别欣赏库尔贝的一幅幅风景画，它们让人沉浸在浪漫的氛围和象征的境界中。库尔贝自幼热爱自己的故乡奥尔南，画了从他祖居前淌过的卢河和悬崖在澄澈如镜的河水中投影的许多美景，尤其是几幅卢河发源地山泉岩洞，观之神爽，让人联想到“上善若水”的哲理。库尔贝还热衷画林中狩猎场景，看他的《汝拉森林狩猎图》，可见一斑。与巴比松派的纯风景写生不同，他往往寓情于画，以多层次的象征流露出一种生存危殆，自然空灵中的孤独忧郁和欢笑里的悲怆，这一点在他年轻时的自画肖像《绝望的人》里已有预示。

库尔贝博物馆馆长费赫尼耶谈及他为格朗宫展览提供了《库尔贝在圣贝拉吉监狱》自画像和画家去世前所绘的《西壅古堡》等作品，又邀我到他在巴黎特洛加德罗的家里看他个人珍藏的一幅库氏海景画。从远处看，那是海边悬崖下分立的两块岩石，但经东道近处指点，第一块岩石显出了库尔贝的形影，而画中人注视的那块岩石骤然变成一位长发披肩的美妇，凝眸悬崖之巅，让画家一腔酸楚。确实，他在情人维吉妮离去后，经受了失恋的痛苦。“其实，也还有几位女子眷恋库尔贝。”费赫尼耶笑道，“我父亲罗伯尔·费赫尼耶于1937年创立‘库尔贝之友协会’，1973年开办了库尔贝博物馆。2007年，我们在日本举办库尔贝作品展，本想顺道去中国展出他的画，不巧没能遂愿。2008年3月起，展览将搬往纽约大都会艺术博物馆，然后再巡回到法国南方城市蒙彼利埃展览。”笔者认为，中国接待过罗丹、夏加尔和莫奈等艺术家，更应该欢迎这位在美术发展史上起过更大作用的法国艺术革新大师，那将是一个世界美术的大众节日。

崇尚自然的意象

——茹尔·达鲁，共和国的雕塑家

茹尔·达鲁（Jules Dalou）

历史不会淡忘那些曾为大众向往奋斗终生的志士。巴黎珀蒂宫和戈尼亚克·热博物馆首次同时举办茹尔·达鲁作品展，集中呈现茹尔·达鲁435部雕塑和绘画作品。展览会外，巴黎过往行人每日都能在民族广场上看到《共和国的胜利》——一座长22米，宽12米，人物形象高耸4.5米，象征共和崇高理想的巨型铜塑杰作。若去国民议会，则可以看见另一座反映法国大革命的青铜塑像《米拉波凛斥德勒–布雷塞侯爵》。达氏最为动人的组雕《人民友爱》竖立于第十区区政府前，昭示着共和国自由、平等箴言的核心终极价值。

在巴黎漫步，途经亚历山大三世桥南端，驻足卢森堡公园、奥德依花房等地，最后游至拉雪兹神甫公墓，所到

茹尔·达鲁雕塑作品《人民友爱》

之处皆有达鲁的雕塑供公众观赏。艺术评论家菲利普·布尔蒂兴叹，整个巴黎成了“达鲁沙龙”。罗丹将达鲁与法国17世纪顶尖艺术大师相比，称他为“共和国的勒布伦”，并为其塑胸像。

现今介绍达鲁，艺坛已不再回避这一段历史，即达鲁本是1871年巴黎公社社员，曾因之于1874年被麦克马洪的第三共和国当局以第三军事法庭的名义判处“服终身苦役”。对此，珀蒂宫的“达鲁，共和国雕塑家”展览追述了这位艺术家生平际遇：“达鲁出身贫寒，终生一腔共和热忱，自认为是一个普通工人，巴黎民众的儿女，竭力捍卫该社会群体信奉的价值观。1871年，他站在巴黎公社社员一边，加入居斯塔夫·库尔贝创立的‘巴黎美术家联合会’。1871年5月巴黎公社失败，公社社员遭受残酷镇压，达鲁受到牵累，逆势被迫于7月携妻子和4岁的女儿小乔吉塔流亡伦敦。”据载，巴黎公社时期，达鲁属于巴黎第六区的国民自卫军营队，被任命为卢浮宫博物馆馆长，致力于发展人民大众的艺术。他自己的雕塑中就有巴黎公社普通社员的肖像。

达鲁在英国伦敦流亡将近8年，在雾都尽显艺术才华，尤其还得到女王维多利亚陛下的赞赏，接受女王家族温莎堡墓碑的特殊订货。到伦敦之初，他画了《被枪杀的妇女》，揭露1871年“五月流血周”时凡尔赛分子血洗巴黎的罪恶，又雕塑出《喂奶的巴黎女》，象征母爱，在英国颇得各阶层民心。他的大理石组雕《慈悲》细致地刻画母亲一边给新生婴儿哺乳，一边护佑自己另一小男孩的场景，格外动人心弦，被采用装饰伦敦繁华区一座喷泉，远近闻名，影响了英伦青年一代雕塑家的创作。

达鲁是在启蒙哲学思潮和新文艺复兴流派的启迪下成长起来的，初期创作具有洛可可风格，接近浪漫主义，让人浮想神话中酒神狄俄尼索斯与阿丽亚娜公主的凄艳爱情。但现实生活环境促使他转向自然主义，像他的导师卡尔波那样，在形象艺术上追求逼真。凡看过《共和国的胜利》组雕者，都不禁惊叹其中的雄狮英姿勃勃，栩栩如生，颇具意趣，反映出民众共和意念应运而生的向阳朝气。须知，早在流亡伦敦时，画家就常去市立动物园细心观察那里边的狮子。为让狮子摆稳姿势，其妻伊赫玛-波丽娜还大胆将手伸进狮笼里安抚那百兽之王。达鲁在现场素描了不知多少狮子动态的草图，才能有尔后画狮子的神来笔触。1880年7月，第三共和国对巴黎公社社员实行“大赦”，他返回祖国，应巴黎市政府之邀为民族广场雕塑

《共和国的胜利》。

为了刻画大型组雕中的劳动者形象，他深入巴黎下层工匠群落的日常生活中，朝夕辛劳不息，历时20年，完成了这座划时代的鸿篇巨制。1899年11月，当组雕揭幕时，劳工群众和曾经上街示威支持巴黎公社的共济会会员结队游行，汇成了盛大的“共和国节日”。具有国际主义倾向的诗人查理·贝基欣逢其盛，在《双周日志》上撰文记载那一难忘的历史时刻，赞扬达鲁充满时代进步气息的青铜塑像“既生动出色，又臻于完美”。

另外，巴黎拉丁区的“绿洲”——卢森堡公园里安置有两座广为人知的达鲁雕塑作品：《欧仁·德拉克鲁瓦纪念碑》和《西莱诺斯的凯旋》。《欧仁·德拉克鲁瓦纪念碑》是雨果密友瓦格里委托达鲁雕制的，完成于1890年，表达达鲁对《自由引导人民》一画作者的崇敬。这座纪念碑上方为逝者德拉克鲁瓦的胸像：一个意味着“恒久”的老者将象征“声誉”的少女抱起，将其抬举奉送给入土为安的德拉克鲁瓦，表示他死后得到了“永恒的声誉”。纪念碑底座旁，阿波罗跪地，这个在巴那斯山司文艺的神祇来此鼓掌，表示赞同达鲁对德拉克鲁瓦艺术生涯的评价。在雕塑者看来，他的作品是传达自己意识形态的载体，通过神话与现实的融合流溢出真意。至于《西莱诺斯的凯旋》，美术界确认达鲁承继了鲁本斯的佛兰德斯画派传统，生动地烘托出古代酒神节的狂欢场景。

确实，达鲁的雕塑充盈着古典美和现代气息，凸显出与波德莱尔“恶之花”迥然不同的“和谐之美”。且看他的《绣花女》《读书女》《浴女》《法兰西农妇》《夜巡童子》《催眠曲》《时光和黄金时代》等，虽然有裸体女性仪态，但皆纯洁高雅，意致绝伦，全无一些同时代色情“裸女”画放浪的形骸。而且，作为“共和国的雕塑家”，达鲁的作品总不乏一代英豪的革命激情和轩昂气概。特别是竖立在法国西海岸吉伯龙港的《罗什纪念碑》：它受人瞻仰，追述着法国大革命的罗什将军于1795年6月率共和派“蓝军”击溃保王党，从该港“还乡”登陆，取得镇压旺代“白军”叛乱的关键性胜利。

茹尔·达鲁才华横溢，为人谦逊，不追求名利。他给布朗基树墓碑和为遭拿破仑三世家族杀害的新闻记者维克多·鲁瓦尔在拉雪兹神甫墓地立像，都分文不收，给不少朋友的作品也都是馈赠，以致自己并没能靠大量雕塑作品生财。他年逾六旬时丧妻，家境每况愈下。为了女儿能在自己身后生活下去，他还得支撑劳作，从那时开始创作了毕生最后一部作品《劳动丰碑》，用铁匠挥锤的意象展示未来，可惜未及完成就撒手人寰了。

达鲁毕其一生精力歌颂创造世界的劳动和辛勤的劳动者。他没有像罗丹那样在上流精英社会的艺坛上取得显赫至极的地位，其作品多用于公共建筑，直接服务于民众。因此，笔者愿借巴黎公社时期他在“巴黎美术家联合会”里的战友欧仁·鲍狄埃的诗句来归结一个人民艺术家的生涯：

他宁做陋巷里的传单，
贴到残缺的墙垣。
因为他确信这是一篇
伟大节日的宣言。

尾 声

VIVE LA COMMUNE !
1871

芦笛

调寄《芦笛哟，芦笛》

我此刻的变化

多么奇异，

失却诗人的形体，

成了简单的乐器。

哪还有硕大的肚腹？

我瘦得这么纤细！

我是一支芦笛，

芦笛哟，芦笛！

我是一支芦笛，

笛！笛！

我愿赴那光荣的盛宴，
不顾豪强的鄙夷，
谁送我去聚拢游人，
在那热闹的市集？
我将为欢乐的歌舞
奏出活泼的旋律。
我是一支芦笛，
芦笛哟，芦笛！
我是一支芦笛，
笛！笛！

谦卑而又忠实的芦笛，
奏出我思想的新鲜气息。
若是竖琴和长号，我的信仰
难道能表达得这样明晰？
让那吃人的妖魔
去听那短号或铜锣。
（叠句）

噢！飞翔的诗神，请耐心，

听一听我这庶民的谣曲。
虽然我卑微的歌喉
声音总是那么尖细，
但即使得服终身苦役，
累死在水上监狱。
（叠句）

既然我有这样的遭遇，
放呀，给我的吹孔放上
震颤的葱膜——
这神灵从仙界落地。
我们将要成百地撕碎
那些虚伪的纸神祇。
（叠句）

万有引力的定律
——宇宙和谐的奥秘，
你呀，这缠绕芦管的箴言[1]，
要贯穿在我的诗句里，
发出爆破的轰响，

震荡在穷苦人的耳际。[2]

（叠句）

你们——工场和田野的劳苦大众，
你们——被剥夺一切的阶级，
来呀！用不着什么邀请，
卑贱者应受到最高的礼遇。[3]
来呀！拉撒路[4]和不幸的撒玛利亚妇女[5]，
还有你，皈依宗教的强盗[6]，
也来听我这支芦笛。
我是一支芦笛，
芦笛哟，芦笛！
我是一支芦笛，
笛！笛！

（欧仁·鲍狄埃作，1848年）

注释：

[1]芦笛的管上一般都缠有纸带，上面写着箴言。

[2]英国科学家牛顿发现万有引力定律，创立了天体运行的理论。傅立叶自称是政治范畴的牛顿，发表了他的重要著作

《普遍统一论》，预言人类将会像宇宙受万有引力支配那样，进入一个和谐的新世界。鲍狄埃在此谈及的正是傅立叶的这种社会主义理想。

[3]据《圣经》所载，耶稣认为处于社会上层的富人难入天国，而处于社会下层的穷人易进乐园。根据此说，鲍狄埃最欢迎卑贱者来听他吟唱诗歌。

[4]拉撒路系《圣经》中一个饿死在富人门槛上的乞丐。

[5]撒玛利亚是古巴勒斯坦中部一个地区。《圣经》上记载，犹太人歧视这个地区的人，不愿跟他们来往。但耶稣途经该地时，曾到井边向一个撒玛利亚妇女要水喝，并明确称自己是基督。

[6]《圣经》上说，耶稣跟两个强盗同时被钉在十字架上，其中一个强盗死前皈依了宗教。

附　录

忠贞不屈的公社战士

他是公社的英勇战士，他始终把自己
跟资产阶级仇视和惧怕的
壮烈的公社红旗紧紧联系在一起。
在光辉的巴黎，
他沐浴着五月的阳光，
捍卫正义，维护人民的权利。
他在陷于绝境时，
忠贞的意志依然坚定不移。
勇猛顽强，慷慨激昂，
他迎着枪林弹雨，坚守每一寸土地。
在整整六昼夜里，
他和高尚的“贱民”在一起，

同疯狂的敌兵搏斗，
英勇奋战在逐渐陷落的巴黎。
第七天，在拉雪兹神甫墓地，
他的胸膛被法国枪弹穿透，
圣洁的鲜血把牧月的野花
浇灌得更加艳丽。
面向红彤彤的理想，
他含笑逝去。

（查理·凯勒[1]作）

查理·凯勒（Charles Keller）

注释：

[1] 查理·凯勒（1843—1913），诗人，国际工人协会巴黎支部会员，最早翻译马克思《资本论》，译本于1867年在伦敦出版。曾于1871年5月参加保卫巴黎公社的巷战，英勇负伤。公社被镇压后，他在马克思帮助下脱险，流亡瑞士。

巴黎公社通讯：约瑟芬·杜瓦尔

在巴黎一个偏僻的地方，有一条弯弯曲曲的街巷，人行道很窄，石砌的路面上淌满泥水，这就是新近命名的腊格拉西耶街。从这里穿过去，你瞧见左前方的87号楼，就该停步了。到此时，好奇心会引你登上楼梯的。你去敲三层楼正面右侧的那扇普普通通的门，一个少妇会立即露面。这位女公民穿着黑色丧服，神态严肃，目光深邃。她只需瞧你一眼，就能明辨出来者是朋友，还是叛徒。这就是为公社英勇牺牲的杜瓦尔将军[1]的遗孀。

你用不着鞠躬施礼，她也不会像拿破仑一世的情妇瓦莱夫斯卡伯爵夫人那样，要求两万法郎的年抚恤金。她绝对不会那样做的。市政厅采取了措施，给所有为自由捐躯的国民自卫军将士的妻子600法郎抚恤金，她对此已颇感满足。

你进屋后，会感到很坦然。因为杜瓦尔女公民向你伸出友好之手。你再注意观察，心情会激动的。瞧啊！那个长着浅棕色头发的小女孩儿！她虽然不认识你，但好像对你的来访很感兴趣。当你意识到这一点，肯定禁不住要去亲吻她的。然后，这女孩儿会朝她母亲走过去，说出如此这般朴实感人的话语：

“妈妈，这是我爸爸的朋友吧？”

你听到这话，会热泪盈眶，把小姑娘唤到身边，再次亲吻她。

噢！这孩子的相貌给人多么深刻的印象。人们望着她，就仿佛又见到了杜瓦尔。一头浓密的棕发，蓝蓝的眼睛里洋溢着热情，露出天然的率直。她鼻子略小，面颊苍白，微透红晕。啊，这张小脸儿上不也鲜明地显出一种远大的志向吗？确实，小女孩儿的姿态，她的一举一动，都让你想起那位已经逝世的故人。孩子今年才8岁，这样小的年纪就失去了父亲，甚至没能见父亲最后一面。当时，女孩子在外省。她母亲是一位非常有能力的妇女，终于把她从那边接到了巴黎。她多么爱戴父亲，应该让她去哭坟才对，可凡尔赛方面拒绝交还杜瓦尔的遗体。不幸的女孩儿，她将来怎么办呢？

世界上有一个伟大的协会（国际工人协会），联合全世界的劳动者。哪里有资本压迫，哪里就有它的支部。这个协会信守以下原则：解放劳动者，耕者有其田，矿山归工人！当然，还要有自由、平等、友爱，尤其要维护团结。没有无义务的权利，也没有无权利的义务！今天，为争取大多数人的权利，我们协会的一员在战场上光荣牺牲了。他留下一个女孩儿。若说这孩子不属于协会，又能属于谁呢？除了我们协会，又有谁会来抚养她？鉴于公社忙于解除众多人的痛苦，我们协会要求来抚养这孩子。

她的父亲为大众的权利牺牲了，大众应该履行自己的义务。“没有无义务的权利！”何况，任何一届今天尚稳定的政府，明日或许会遭倾覆，其组成和思想皆可能发生变化，唯有国际工人协会是守恒的，永远也不会变质。国际工人协会的成员跟该组织的既定目标和恪守的原则一样，都是忠贞不渝的。

巴黎“工人协会”同“工人联合会”一起，曾在两个月时间里筹集过9万法郎，用以支持制革工人罢工。她一定能给眼下这个公社将军的遗孀约瑟芬·杜瓦尔提供抚恤年金的。对呀！“工人协会”将要抚养这个孩子。若不那样做，那就是违背自己的誓言，玷污“团结互助”这一社会共和国的口号。

这个棕色头发的孩子，一位满手长茧、有着火热心肠的劳动者的女儿，将由全世界劳动大众来抚养。

哈迈特[2]作

——原载于1871年巴黎《人民呼声报》

注释：

[1] 1871年，巴黎公社革命武装向凡尔赛进军，工人将军埃米尔·杜瓦尔（1840—1871）任左军指挥，率兵深入离凡尔赛6公里处，不幸中计被俘。次日，凡尔赛军总司令维诺亚讽刺被俘的公社战士，问道：

“你们中间不是有个自命为将军的杜瓦尔吗？”

听到这话，杜瓦尔立即走出人群，交叉双臂，冷眼直视对方，说：

“我就是！”

“我是维诺亚将军。”反动头目得意扬扬，又问，“如果是我们战败了，您俘虏了我的话，那将会怎样处置我呢？”

杜瓦尔毫不犹豫地回答：

“如果我有全权，一定会让人把您枪毙！”

维诺亚气急败坏，立即下令枪毙杜瓦尔。这时，杜瓦尔的两名副官也挺身走出行列，说：“强盗！把我们也一起枪决吧！”

最后，杜瓦尔将军及其战友一齐高呼“公社万岁！”，慷慨就义。

[2]哈迈特，普通工人，第一国际巴黎支部会员，曾为巴黎公社撰稿，公社失败后流亡瑞士。

巴黎公社墙考辨

——一项国际范围的求证

这堵“公社战士墙”至今还伫立在那里，作为无声的雄辩见证，说明一旦无产阶级敢于起来捍卫自己的权利，统治阶级的疯狂暴戾能达到何种程度。[①]

——弗里德里希·恩格斯

“公社墙”位于巴黎拉雪兹神甫墓地东北角，虽饱经日晒雨淋，但风骨依然如昔，透出巴黎劳动群众在19世纪奋起“冲天”的英气。

关于这堵墙，法国美术家埃·彼契奥有幅名画极为生动地再现了公社战士站在血泊中，藐视淫暴、憧憬光明的

① 马克思《法兰西内战》，恩格斯写的1891年单行本“导言”。

壮景，被欧仁·鲍狄埃称为“具有但丁气魄的，令人神思的画卷”。此画追述着“公社墙”的历史，把人引到1871年5月28日的拉雪兹神甫墓地。那天，凡尔赛匪徒完全占领了公墓，将最后一批公社战士逼至靠憩园街的夏洛纳白墙脚进行屠杀。147名受难者英勇不屈，携手高呼“公社万岁！”而倒下。是年11月1日万圣节，一些扫墓者冲破笼罩劫后巴黎的白色恐怖，往墙脚摆花，使之成了一座天然的公社革命纪念碑；及至1908年5月21日，来自法国各地的革命群众又给那座瓦墙镶嵌上了一块大理石板，在其上镌刻出“献给公社的烈士（1871年5月21日至28日）”，自此，“公社墙”就有了鲜明的标志。

不过，而今在全世界传播最广的巴黎公社纪念碑形象并非这座夏洛纳墙，而是保尔–莫罗·沃蒂耶雕砌的一座所谓公社社员群像。至少，很多人无意识地将二者搞混，受骗而怡不为辱。另外，“公社社员墙”这个中译名也与法文原称“Le Mur des Fédérés”不尽贴合，应译为“公社战士墙”。因为，该墙是由最后守卫拉雪兹神甫墓地的数百名“Fédérés”而得名。据贝尔纳·诺埃勒主编的《巴黎公社辞典》解释，“Fédérés”一词专指公社军队的战士，与一般非武装社员有别。凡此种种，均有待辩证，促人穷究“公社墙”的本源。

1978年10月，我有机会在巴黎逗留，第一次前往拉雪兹神甫公墓瞻仰“公社墙”。出乎意料，我在墙上并没有看到沃蒂耶的浮雕。久居巴黎的中国同志解释说，沃蒂耶的作品被移至墓地另一端保护起来了，故不少崇敬公社的旅人去那里合影留念。我当时无暇光顾沃氏“公社墙”，待真正看到它，已是一年以后的事了。一个凄寒的冬日，我经一位巴黎卖花女指路，在拉雪兹神甫墓地西北角的甘必大街心花园里找到了这堵墙，它是用一块块灰砖垒砌雕塑而成的。其时，一位法国老妇正把一束红石竹花轻放到墙下。我不禁肃然起敬，凝视墙正中的一个妇女石像。一般认为，这位女性是巴黎公社的化身，她中弹后仰，伸出双臂庇护自己那群被镇压的儿女。

初看起来，莫罗·沃蒂耶雕的人物表情各异，尤其是那些表情痛苦的肖像让人伤心惨目。我似乎还感到，有的受难者眼里闪烁着对屠伯的轻蔑和对未来的一种信念。突然，我注意到砖墙左下角刻着诗人雨果的一句话，轻声念道：“我们所企求、所希冀于未来的是公正，而不是……”后面的字迹很难辨认了。我弯身用手挖去覆盖其上的泥土，方才读出“复仇”二字。“不是复仇，那怎么能谈到公正！”老妇颇不以为然地说，转身蹒跚而去，使我如堕五里雾中。

我又细审那墙上的一个个浮雕肖像，倏忽觉得其中有的从服饰和表情上看并不像公社战士，而像是凡尔赛军的士卒。于是，一团疑云在我心坎投下的阴影逐渐扩散，引起一番思索。

沃氏“公社墙”上刻出雨果的话，想必是作者借以表达自己的创作思想，也可以说是画龙点睛，突出了他这一浮雕的主题。然而，雨果所谓“我们希冀于未来的不是复仇”的思想，显然与巴黎公社社员们革命的英风豪气大相径庭。譬如，公社委员费烈在被枪杀前曾慷慨宣告：“我相信未来会怀念我，为我复仇。”又如，公社青年诗人玛罗佗被流放到新喀里多尼亚岛，病死苦役营。临终，他让人给母亲写信说：“我虽然要离开人世了，但坚信自由的事业必定胜利，而且我的缪斯，我那老迈的、头发已经灰白的诗神会活下去，为死者伸张正义，呼唤复仇。”这里，两位公社英烈都号召后人继续进行不调和的斗争。尔后，鲍狄埃为彼契奥的名画《公社战士墙》题诗，一开始就强调：“复仇女神震撼着画家的心灵。”况且，斯坦伦在他画的另一幅惊心动魄的《公社战士墙》上更活现了“流血周”的复仇幽灵，显示他们壮志犹存、雄心不渝的英雄傲骨，让观众有前仆后继人尚在之感。想到这些，我开始感到莫罗·沃蒂耶的作品和“公社墙”所体现的精神不相符合。不过，多少年来国内外报刊的大量宣传，已使沃氏浮雕的艺术感染力跟我对公社的崇仰融合在一起，仅从感情上说，当时也很难断然否定它。

自此，每想到保尔-莫罗·沃蒂耶雕砌的“公社墙”，心里就矛盾。作者究竟是何许人？在什么背景下产生的创作灵感？其浮雕的真实底蕴又是什么？这一连串问题不时萦绕我的脑际，无形中催促我去寻求确切的答案。

有人说，保尔-莫罗·沃蒂耶参加过巴黎公社的美术家协会，因此雕砌了“公社墙”。我查阅让·梅特隆编纂的《法国工人运动人名辞典》，翻开仔细一看，那位参加过公社的雕塑家叫让-莫罗·沃蒂耶，名字不同。何况，他在1893年逝世，而浮雕墙是1909年竖立的，时间上有矛盾。我又去查贝奈吉特主编的《美术家辞典》（1948年版），这次找到了关于保尔-莫罗·沃蒂耶的记载：“他雕过几座墓碑，其中有拉雪兹墓地的‘公社墙’。”不过，该辞典标明他生于1871年，不可能参加过巴黎公社，不会是由于这种经历而雕砌“公社墙”的。接着，我又在1937年2月的《拉罗氏月报》上查到了关于此人的详细介绍，发现他是让-莫罗·沃蒂耶之子，在思想上与其父参加的巴黎公社毫无共鸣。相反，他曾出于沙文主义的狂热，在1914年主动要求上前线，为帝国主义大战卖命，受军令嘉奖。至于他的雕刻家生涯，《拉罗氏月报》指出："他的全部作品都显示出一个'大战'见证人和积极参加者的求实气质。"而且，他还热心为双手沾满撒哈拉以南非洲和北非人民鲜血的刽子手查理·芒然、路易·波拿巴的宠臣奥斯曼男爵和"廉价商场"的"女经理"布西科夫人树碑立传。总之，他的艺术是为富豪和一伙"吃人生番"歌功颂德的。这样一个既有秩序的卫道士，怎么会突然为巴黎公社的革命烈士塑像呢？我的疑惑愈来愈深了。可是，《拉罗氏月报》毕竟也肯定："其作品中最著名的是《公社墙》，更确切地说，是《革命的牺牲者墙》；该墙模型在1902年美术沙龙展出，现立于拉雪兹神甫公墓。"

"革命的牺牲者"究竟是什么含义？我带着这个问题拜访"巴黎公社之友协会"负责人让·勃莱尔。据他解释，沃氏所谓"牺牲者"是"受害者"的意思，即此翁把3万多被屠杀的公社社员跟当时被革命群众处决的巴黎大主教达尔布瓦等72个人质相提并论，统称为"革命的受害者"。

"沃蒂耶雕砌的墙揭幕后，当时幸存的公社社员们都拒绝承认它，从不去那里献花。"勃莱尔对我说道，"但是，苏联等许多国家却错把这座侮辱公社的雕塑当成'公社墙'来宣传。波兰还将这个所谓'公社墙'印在该国发行的纸币上，我曾为此致函波兰驻法大使，要求他们迅速纠正。”说着，勃莱尔拿出他们办的《巴黎公社》杂志第四期给我看，上面登着一封读者来信，兹转录于下：

先生，我还是个小姑娘的时候，曾住在巴黎第二十区的甘必大林荫道。那时，我常去位于这条林荫道上的一个街心公园玩耍，记得那里有一堵墙，上面有些石刻肖像。我总以为这就是“公社战士墙”，所以对从未见过在此举行纪念仪式感到惊奇。

你们能给我解释吗？

谨致谢意。

玛丽－多米尼克·吉

蒙费尔麦依93号

我又急忙看“巴黎公社之友协会”的复信：

亲爱的朋友：

您把位于甘必大林荫道街心花园靠拉雪兹神甫墓地围墙的那座大型雕塑当成了“公社战士墙”。该雕塑是莫罗·沃蒂耶的作品，它表现一

> 位忧伤的妇女——法兰西，让公社社员和凡尔赛分子在死亡里和解。
>
> 本协会成立的宗旨是维护公社英烈的荣耀，故始终拒绝这种把被枪杀的3万多巴黎人与枪杀者并列的象征。

这一答复还附有莫罗·沃蒂耶那座浮雕的素描图，浮雕名称是“献给历次革命的受害者”（Aux Victimes des Révolutions）。值得注意的是，这里法文“révolutions”（革命）一词用的是复数，并非单指巴黎公社革命。我瞧着手中的杂志，对勃莱尔说：“在我们国家，各种书籍报刊也是大量介绍莫罗·沃蒂耶的浮雕，以致它在中国人眼中成了巴黎公社的象征。要消除这种已深入人心的谬误，必须有更具体、更确切的证据。”

“雅克·杜克洛在世时，曾专门跟我谈过这个问题。当时，他手上拿着一份材料，现在已不知下落。”勃莱尔思索片刻道，“‘公社墙’的真伪完全可以辨明，您回国应该向自己的同胞说清楚，我愿意帮您找几份材料。”

几天后，我跟勃莱尔电话联系。因工作忙，他仅查了部分历史书，还没有找到所需的证明材料，只好委托我继续考证。

我决定首先弄清以讹传讹的根源，就去蓬皮杜国家文化艺术中心的“公众咨询图书馆”查询。经过几天查索，我找到了巴黎“国际社会出版社”1937年出版的《巴黎街石》，即《巴黎革命遗迹指南》。该书系法国历史学家居伊·德拉巴杜所著。作者在关于拉雪兹墓地的一节里叙述了公社战士在那里惨遭杀害的经过后，写道：“这些公社的烈士埋在墓地第七十六区那堵墙下的壕沟里；此墙从此被称为‘公社战士墙’，现在上面装饰着莫罗·沃蒂耶的浮雕，让人想起那场血案的惨景。每年5月，这座墙前都举行一次革命纪念活动。”

看来，这段关于“公社墙”面貌的记述殊不可信。德拉巴杜没有我国诗人苏东坡月夜幽探石钟山源本的那种严谨作风，可能也不曾参加关于“公社墙”的任何纪念活动。这位法国学者本人就在塞纳河左岸的马扎兰图书馆搞研究工作，离拉雪兹神甫墓地去无多路，但似乎没有去实地察看过。他是未经耳闻目睹，而臆断其有无。因为，凡瞻仰过墓地东北角“公社战士墙”的人都知道，那上面根本没有沃蒂耶的浮雕，后者坐落在公墓西北角的甘必大街心花园里，相距至少有一公里之遥。

那么，莫罗·沃蒂耶的浮雕是后人从夏洛纳墙移走的吗？它起始是不是为纪念公社烈士竖立的呢？必须揭开这个谜底。

早在公社被镇压后不久，巴黎革命群众就呼吁为“三月十八日运动”的英烈们建立纪念碑，曾几度募捐，并于1883年12月24日迫使巴黎市政厅让出夏洛纳墙前的地皮。艺术家们都画出了纪念碑的设计草图，但由于市政府拒不出让瓦墙本身，致使众望落空。许多年后，人们默默在蒙帕纳斯公墓建了一个巴黎公社园地，为1871年的公社战士竖立起纪念碑。不幸，这不大为世人知晓。

关于这后一座纪念碑，我在考证“公社墙”真伪的过程中，也曾去蒙帕纳斯公墓寻觅过，最终按那里守墓人送我的一张图，在墓地第二十七区二分区一座灌木环绕、垂柳依依的陵园里发现了它，其上清楚地刻着：“献给1871年巴黎公社的烈士。”该碑基部刻着一个朝阳从地平线喷薄升起，早霞灿烂的世界，令人想到卡尔·马克思的名言：“英勇的三月十八日运动是把人类从阶级社会中永远解放出来的伟大的社会革命的曙光。”[①]此碑显示公社虽死犹生，浩气长存，

---

① 《马克思恩格斯全集》，第18卷，第61页，《巴黎公社一周年纪念大会决议》，人民出版社。

闪耀着真理的光辉，与莫罗·沃蒂耶的浮雕上那种晦暗色调形成鲜明对比，这更激励我去揭穿一切以革命伪装的假象。

这样，我稍有空闲，就去塞纳河畔漫步，在一处处向求知者摆开的旧书摊上翻阅20世纪初的法国历史和艺术书报，企望找到有关莫罗·沃蒂耶雕砌所谓“公社墙”的记载，但所获殊不惬怀，难以遂下定论。

光阴流逝，岁月不居。及至1982年4月23日，我订了翌日凌晨回国的机票，所以一整天急急忙忙连跑了巴黎几家大图书馆。令人兴奋的是，我终于在“巴黎装饰艺术博物馆”珍藏的数十卷《二十世纪雕塑杰作集》中查到了一幅难得的照片，即保尔-莫罗·沃蒂耶在完成他那座浮雕墙时，颐指气使地站立其前的留影，上面印着该墙的法文题目“Aux Victimes des Révolutions”（献给历次革命的受害者），其中“革命”一词确系复数，表明此墙不仅仅面对巴黎公社，而且要堵住一切革命。

进而，我乘兴赶到巴黎市历史图书馆，又查出了对这个题字的几种评点。例如，阿舍特书局1910年出版的罗什古德侯爵所著《巴黎街巷漫步》一书第25页有对甘必大林荫道的描述：“该街道南段右沿是甘必大街心花园，其中有保尔-莫罗·沃蒂耶先生于1909年雕砌的一座墙，表示枪杀者和被枪杀者应该像兄弟般和解。”涉及这一层，彼埃尔·克热尔贝格在《巴黎雕像指南》里更有细节记载：“那《历次革命受害者纪念墙》颇为奇特，是保尔－莫罗·沃蒂耶于1909年雕砌的。它用浮雕显出一堵被行刑队用枪弹洞穿的墙，上面影影绰绰有些人物肖像，中间一位妇女向两旁分伸双臂，呈保护者姿态。”该书作者还说，当时政府为抵制群众要在拉雪兹墓地为巴黎公社烈士竖立纪念碑的要求，采纳了莫罗·沃蒂耶的方案，因为“‘献给历次革命的受害者’这个题词，可使各界无话”。

为避免以臆测度，我在查阅上述史料前曾就沃氏“公社墙”题词的含义，请教龚古尔文学院院士埃·罗布莱斯、少壮派戏剧家克洛德·普兰和汉学家维奥莱塔·彼萨女士等多人。他们一致认为，其中包含对革命的贬责，普兰先生一针见血地点破原意：“照作者看来，既然历来革命都不免有受害者，那就不该再革命了。”

在巴黎装饰艺术博物馆查到文字材料后，我又冒昧探问坐在对面看书的一位学者，他毫不犹豫地解释道：“这个题词是说，革命造成了受害者，所以立碑追悼亡灵。”一个陌生人的客观反应，也印证了我初步形成的看法。而且，更令人感动的是，这位素昧平生的学者突然对我考证的问题表现出浓厚的兴趣，主动说道："我是专门研究建筑艺术史的，知道保尔–莫罗·沃蒂耶的浮雕颇有名，但从不曾考究过它的底蕴。您的努力很有意义，我应该帮助您。"说罢，他立即停止自己的研究，交还了所借图书，建议领我去一般人不能进的巴黎市议会档案馆。我喜出望外，欣然跟随，路上方才知道他就是有名的米歇尔·维尔纳教授*。

据维尔纳教授分析，莫罗·沃蒂耶要在甘必大街心花园安置他的雕塑，必须经过巴黎市议会讨论，而且内容会记之笔墨。关键在于，要查到当时的有关决定。因此，我们一进入巴黎市议会档案馆，就请那里的专家指点，直奔储放市议会会议记录的场所。

莫罗·沃蒂耶的雕塑是1909年立在拉雪兹墓地的。我们搬来了这一年巴黎市议会会议记录的几个合订本，两人分头翻阅。可是，查找近一小时，殊无影迹，时间却一分一秒毫不容情地过去了。"今天查不到没关系"，维尔纳教授一时也无可奈何，鼓励我说，"您回国后，我再继续找，一有结果，就函告您。"难道就没有希望了吗？我瞧着那一行行密密麻麻的铅印小字，一筹莫展。忽然，我的目光被动名词"Erection"（竖立）吸引，定睛一看，恰巧是我们要找的巴黎市议会文件全文：

关于在甘必大街心公园竖立保尔-莫罗·沃蒂耶雕塑的《历次革命受害者纪念墙》的决议。保尔·埃斯古迪耶先生代表第三委员会说明事由：

先生们，在1908年4月1日议事后，诸位向市政府转交了我们的同僚朗德兰先生关于在甘必大街心花园竖立保尔-莫罗·沃蒂耶先生雕塑的《历次革命受害者纪念墙》的提案。吾人受托处理塞纳省长关于竖立此雕塑的一份备忘录。现请各位批准有关结论。

第三委员会的结论获得批准。

（载于1909年会议记录第1302页）

接着，我们查到1908年的讨论记录：

关于为修筑莫罗·沃蒂耶的石砌浮雕墙拨款的决定。亨利·杜罗先生代表第四委员会发言：

先生们，现请各位通过下面的审议草案，市议会经审议决定：

一、接受雕塑家莫罗·沃蒂耶先生馈赠巴黎市的《历次革命受害者纪念墙》石膏模型，该作品曾在1902年的美术沙龙展出。

二、莫罗·沃蒂耶先生授权将上述石膏模型放大成石砌浮雕，并享有10 000法郎资助。

三、10 000法郎款额拟分3年支付，即从1909年预算中拨出2 500法郎，从1910年预算中拨出5 000法郎，均为美术经费。

四、其余2 500法郎从1908年预算B项第42/I°条B项里提取，归并于B项第42 / 66°条。

获得通过。

（载于1907年会议记录第2069页）

最后，我们又查到了1909年7月13日至14日市议会通过的决议全文：

关于在甘必大街心花园竖立一座纪念墙的决议

报告人：保尔·埃斯古迪耶先生

市议会：

鉴于1908年4月7日曾进行过审议，让雕塑家莫罗·沃蒂耶用10 000法郎竖立他雕的《历次革命受害者纪念墙》；

鉴于曾根据此条于去年5月4日要求在甘必

大街心花园辟一地盘，由雕塑家自己在那里竖立他的雕塑；

鉴于雕塑家在6月9日已确定工程费用为2 693.08法郎；

鉴于建筑服务和散步场所管理局局长在6月19日发来通知；

鉴于其所附平面图上标明在A地立墙，兹决定：

一、在甘必大街心花园辟地竖立莫罗·沃蒂耶的雕塑《历次革命受害者纪念墙》；

二、从1909执行年度预算中拨款2 693.08法郎，供艺术家自己承揽在指定地点竖立其雕塑之用，该款额将从上述预算独条B项里提取；

三、立墙地点将由那里的区议员、莫罗·沃蒂耶先生和市政府三方协商确定。

至此，种种疑念，爽然顿释。“公社墙”真伪昭然若揭。确凿的事实证明，沃氏浮雕从1909年开始就立在甘必大街心花园，而且命名为“历次革命受害者纪念墙”，迁址之说，纯系杜撰。况且，必须联系到兹墙出现的历史背景。当时引起第一次世界大战的种种矛盾渐渐激化，法国内政部长克列孟梭一方面加紧镇压工人罢工运动，另一方面以“爱国”为幌子，煽动沙文主义情绪，鼓吹法兰西全民“和解”，一致向德国复仇。莫罗·沃蒂耶雕砌的“墙”，正适应了资产阶级的这种政治需要。因为，他在“墙”上突兀地雕出一个象征法兰西的女性，让不同阶级的“历次革命受害者”并肩聚集其后，显示整个社会的调和，永远抛弃革命。沃氏的巧妙之处还在于，他雕了一个貌似革命的艺术品，既表达出当权者的意志，又搪塞了巴黎人民多年来要为公社英烈立碑的心愿。表面持论公允，实为偷梁换柱。难怪巴黎市政府慷慨解囊，拨巨款资助哩！

拆穿了西洋镜，我跟维尔纳教授热烈握手，向其致谢言别。当晚回到意大利广场附近的住处，已是晚上7点多钟了。虽奔波整日，骤感劳累，但总算了却一桩心事。

第二天，我登机回国，在腾越云烟茫茫的欧亚山河时，矛盾心理又显眉端。莫罗·沃蒂耶的“公社墙”在中国业已深入人心。如同我往日对“公社墙”那样，广大群众在其上倾注了对巴黎公社的满腔热忱。我为什么要去撕下偶像的面纱而露其狰狞呢？在一些人产生信仰危机的今天，有什么必要再揭破一个假象？这难道不会引来新的失望和导致青年对革命传统的冷漠吗？我反复思索，又觉得不能以讹传讹，延误方来。不！必须怫然痛争，明辨真伪，将认识建立在真理的基础之上，信仰才可能坚定。只有不抱残守缺，不随人是非，而喜探僻寻幽，才能开阔视野，发现新的地平线。是啊！云烟过眼，幻象破灭之后，绝非万般皆空，而往往可以看得更清楚。假“公社墙”的神话被揭穿，真公社墙不是依然耸立在那里吗？人们可能会为如此长久被蒙骗而兴叹，但有什么理由感到迷茫呢？想到这里，我回忆起1980年5月去瞻仰真公社墙的情景。

那天，我在墙前仰瞩，但见墙下摆满署名“公社之友”者奉献的水仙花、白菊和红石竹花，墙上常春藤覆盖，荫庇着“冲天泰坦们”的英灵。据说，每到春天，燕子归来，丁香芬芳万里，世界各地的来者络绎不绝，尤其是5月28日，即“流血周”的最后一天，那里往往人山人海，1936年左翼人民阵线普选获胜时，来者一次多达60万人，仿佛集结着向旧世界的天庭冲击，奔迎人类解放曙光的大军。

绿茵茵的嫩草下，
被枪杀者已经安息。
摆满的花环和红旗，
遮蔽着受难者的墙，
公社战士的宿地。

这是法国民众诗人茹尔·朱依在20世纪80年代为“公社战士墙”写的一首诗，其中强调这堵墙没有装饰黄金百合花，也没有镶嵌彩绘玻璃，像死者生前一样清贫，体现着公社那些社会公仆的人格，因而世世代代受到大众的景仰。

——《光明日报》(1984年)，中国革命历史博物馆馆刊

*笔者在巴黎《欧洲时报》撰文《三十载契阔又逢君》，追怀与法国建筑师米歇尔·维尔纳教授的邂逅，兹节录于下：

2011年春，我在巴黎中国文化中心做关于“伏尔泰与中国”的学术报告，大厅内一片静穆。忽然，一位皓首老者步入会场，朝讲坛挥手致意，接着情不自禁地趋前跟报告人紧紧拥抱，放声说：“大仲马写了小说《二十年

后》，咱们可是30年后重逢啊！”这一突如其来的情景，令报告厅内满座惊讶。我赶忙向众人介绍来者。

光阴倏忽，花开时节又逢君，而且在这样的场合！霎时间，我脑海中浮现20世纪80年代一个春花放候的晴天。是日一大早，我为考证“巴黎公社墙”的真伪，去巴黎历史博物馆翻阅历史典籍。我借出贝奈吉特主编的《美术家辞典》（1948年版）和彼埃尔·克热尔贝格撰写的《巴黎雕像指南》等多部书，堆在桌上逐一翻阅，见对面一位文质彬彬的法国学者也在查资料，就冒昧向他请教。他瞧我面前摆了一大堆书，好奇地问我忙着查找什么。我说自己在考证“巴黎公社墙”。他对我这个中国人的探求产生了兴趣，说：“我是专门研究建筑艺术史的，知道保尔-莫罗·沃蒂耶的浮雕颇有名，但从不曾考究过它的底蕴。您的努力很有意义，我应该帮助您。”

正是米歇尔·维尔纳教授当天领我到巴黎市议会档案馆查到了考证“巴黎公社墙”真相的关键依据。我对他心存感激，回北京后时时忆及，但由于当时环境，无法再跟他取得联系。不知其所向，几度重返巴黎寻觅，一直杳无音信。我妻子花了不少工夫在互联网上查找维氏下落，但有一大串同名者，打电话屡屡碰壁，只得一时搁置。每逢我们夫妻俩去拉雪兹神甫公墓瞻仰“公社战士墙”，自然又想到米歇尔·维尔纳教授。维氏曾获“法国国家建筑艺术评论大奖”，著作等身。我们再在网络上搜索，查到他的主要著作由位于奥尔良市的伊柯思出版社出版，于是打长途电话向该出版社查询。对方确认米歇尔·维尔纳教授的近作确系由他们出版，允诺帮助我们联系，但不知何故久久没有回音。妻子锲而不舍，再次给那家出版社打电话，终于从当日值班编辑处得到维尔纳教授在巴黎维维耶奈街的家庭电话号码。

“请问这是维尔纳教授家吗？”我妻子拨打电话，心存侥幸地问道。

对方正是米歇尔·维尔纳本人！我妻子惊喜至极，继续问道：

“您还记得30年前一位中国人跟您一起去巴黎市议会档案馆的旧事吗？”

“当然咯！”对方毫不迟疑地回答，“他勤求真理的精神让我至感！我们一起去巴黎市议会档案馆查到了竖立保尔-莫罗·沃蒂耶雕砌墙的决议，澄清了‘巴黎公社墙’的真伪。”

妻子告诉维尔纳教授我又来法国了，即将在巴黎中国文化中心做一场学术报告。他一听立即表示一定要赶来见我。及至在中国文化中心见面，真可谓有缘万里再相会了。久违容貌，见伊年垂八旬，一头银发，感慨万千。维尔纳教授幽默地称自己的白发是智慧的象征，声言智慧是在不断求索中积累的。

“当年，正是您的求知欲望打动了我，”他回首往事说，“咱们分别的30年间，我数度赴中国讲学，在一个伟大的国家里增长了见识，变成了一个真正的‘中国迷’。”我向维尔纳教授介绍来文化中心听报告的几位中国留法女博士生，宾主欢悦，欣然合影留念。

那是异邦塞纳河畔一个夜晚的邂逅。在探求真理的路途上，我认识了一个法国知识界的睿哲。30年里，虽然只两回谋面，却在心坎留下了超越疆界的交谊，益信四海之内皆兄弟，此情此理永世不泯。

我再来时人犹在，宛若曼殊上人在《花朝》一诗中所云：

但喜二分春色到，
百花生日是今朝。

“樱桃时节”游子吟

熏风又吹灿巴黎拉雪兹神甫公墓草地上的野花，墓园东北隅的夏洛纳墙周边红情绿意浓郁。5月28日下午，法国民众络绎而来，将一簇簇鲜花轻放在这座“巴黎公社战士墙”脚下。

1871年5月的这一天，凡尔赛分子用霰弹和夏塞波枪在这座墙前杀害了147名巴黎公社的最后保卫者。当年万圣节，一些扫墓者冲破笼罩劫后巴黎的白色恐怖，往夏洛纳墙墙脚摆花。1908年5月21日，来自法国各地的民众在墙上镶嵌了一块大理石板，镌刻“献给公社的烈士（1871年5月21日至28日）”字样，使之成为一座天然的公社革命纪念碑。自此，每年5月28日，巴黎公众成群前来献花，凭吊先烈。1936年左翼人民阵线普选获胜时，来者多达60万人，汇聚成一片涌动的花海。

在巴黎公社145周年，献花的人流中出现一群华夏儿女的身影。“法兰西岛”的中国留学生青春结伴，携手将一顶硕大的红石竹花冠摆放到“公社墙”前，与法国巴黎公社之友协会等组织刚送的花圈交相辉映。花圈红艳艳闪耀，上边用中法双语落款，标志东方之子华年在异邦求索的意向：

献给巴黎公社的烈士

——巴黎地区公派学者、学生联谊会敬奉

前来拉雪兹神甫公墓的中国旅法学联一行，男生个个端庄潇洒，女生倩影娉婷似花，格外吸引游人注目。在《樱桃时节》的歌声里，他们恭谨地向“公社墙”献花完毕，然后在墙前肃立合影，留下中国青年纪念的踪迹。前来“公社墙”献花的民众，激情满怀唱起公社精神传播者保尔·勃鲁斯作的《红旗》。当然，巴黎公社歌曲中最为动听的还是《樱桃时节》。这支歌本是蒙马特尔诗人让-巴蒂斯特·克莱芒于1866年在赴比利时的佛兰德斯路途中，见熟透的红樱桃挂满枝头，有感而写下的一首爱情歌曲，后来在巴黎公社保卫战的街垒传唱开来。

由此，《樱桃时节》成了“公社时节”。克莱芒现今就长眠在“公社墙”前面。献花的中国青年留学生从“公社墙”前移步到诗人石墓，但见他的铜塑胸像上挂着人们刚采撷来的鲜红樱桃。

此景此情霎时将人们带进一个脱离巴黎“红磨坊”大都会喧嚣，与眼下西方唯物社会迥异的境界。这正是《樱桃时节》里所展示的“情侣们在梦幻里采撷樱桃当耳坠”的理想岁月。对在摩登时世“爱的荒漠”中疾渴的人，这无疑是一泓滋润心灵的甘泉。

我国唐朝的王维颇通禅理，有诗云：

行到水穷处，
坐看云起时。

大概，这恰是中国留法学子给“巴黎公社墙”献花的深切感受。此行犹如一次“伊加利亚旅行记”，而这个“伊加利亚”是真实存在过的，尽管巴黎公社只存在了短促的72天。马克思曾明确指出：“公社的原则是永存的。”[1]何况，中国留法学生来瞻仰的，是一座真正的“巴黎公社战士墙”。

2016年春，沈大力教授在巴黎拉雪兹神甫公墓“公社战士墙”前为巴黎地区公派学者、学生联谊会讲解巴黎公社历史

尚须提及，以往不少中国的真理探索者远道来巴黎，往往造访由保尔–莫罗·沃蒂耶雕塑，立在拉雪兹神甫公墓西北角甘必大街心花园的灰砖墙。沃氏墙一度在世界范围被视为巴黎公社的象征，这实为一重大历史谬误。20世纪80年代初，我受巴黎公社之友协会领导人让·勃

① 《马克思恩格斯全集》，第17卷，第677页，人民出版社，1963年版。

莱尔之托，在法国对沃氏墙进行了为时3年的漫长考证。1982年4月23日，在乘机归国前一天，我在巴黎装饰艺术博物馆所存数十卷《二十世纪雕塑杰作集》中找到了保尔–莫罗·沃蒂耶在完成他那座浮雕墙后站立其前的照片。该墙醒目的法文题目为“献给历次革命的受害者”。接着，在法国著名建筑艺术史学家米歇尔·维尔纳教授的热忱帮助下，我得以进入巴黎市议会档案馆，最终查出了巴黎市议会1909年《关于在甘必大街心花园竖立保尔–莫罗·沃蒂耶雕塑的〈历次革命受害者纪念墙〉的决议》全文，从而以无可辩驳的证据证明，沃氏墙是一部非议历来革命的艺术品，与巴黎公社无关。

而今，同为华夏海外游子，我在“樱桃时节”跟中国留法学生一起到“巴黎公社墙”前献花，也是平生夙愿得偿。在彼，我联想到公社诗人克洛维斯·于葛为《樱桃时节》作者克莱芒写下的悼亡诗句：

令人欣慰的是，
在野罂粟花的红艳中，
你辛劳的果实，
正含蓄着汁浆……

巴黎圣心大教堂真相考证

在灵魂得救史上，耶稣的“圣心”占据显著的地位。从1856年起，整个天主教会在每年6月举行“圣心”礼拜仪式，让人切莫忘记圣子耶稣为救赎受难人类而付出的牺牲。这项圣餐或圣灵降临的宗教祭祀不可捉摸，对于一般非教徒而言似乎也有一定的神秘之处。

巴黎的圣心大教堂建造在蒙马特尔的制高点，南北向圆穹顶和带十字架的钟楼俯视着巴黎，流露出天主教会以“耶稣圣心”掌控六角国精神思想界的初衷，而今这里成了“圣心节”和法国首都，乃至全球的旅游热点。成年累月游人如织，顶礼膜拜的耶稣会虔诚教徒自不必说，不远万里前来观赏异域风光的各国游客亦不在少数，每年游客竟达到1 100万之多，仅次于巴黎圣母院。一出奥利机场，或巴黎火车北站，此众即急急乎来此拍照留念，将照片从法国首都传回给自己国内亲朋，忙得团团转，炫耀自己今生有幸“到此一游”。

以笔者所观，大多数中国游客属于这种观光者。只是他们不明就里，并不知道这座被当地华人按其外貌称呼为“白教堂”的来历，只是将之列为自己到“十里洋场”赶时髦的必经之地。更有甚者，有的“巴黎观光指南”编者杜撰“圣心大教堂系为纪念巴黎公社建造”的神话，牵动善良人心怀的“公社情结”，人云亦云，乃至赋诗寄情，极尽美化颂扬之能事。

其实，这座新拜占庭式建筑从观赏角度看，并无可取之处，远不能与伊斯坦布尔的圣索非亚大教堂相媲美。法国《小罗伯尔辞典》直言其“在美学上受人质疑”，始建时就为世人所诟病。蒙马特尔画家斯坦伦、维莱特，历史学家萨赫塞，作家左拉等起而攻之，声称这个罗马-拜占庭大教堂是个十足的“黑暗愚昧象征”（symbole obscurantiste），巴黎市政当局亦对之严词拒绝。

这一费时超过半个世纪建成的大教堂坐落在蒙马特尔高地，这本身就显示出其“圣冠”的震慑姿态。须知，蒙马特尔高地是1871年巴黎公社的摇篮。当年3月，拿破仑三世在色当战役失败后，推行绥靖政策的“国防政府”首脑梯也尔派兵到高地抢夺泰尔特广场的大炮，引发民众反抗。起义者于3月28日通过选举成立巴黎公社，梯也尔逃窜到凡尔赛，任命麦克马洪为“凡尔赛军”司令，伺机反扑。普法战争爆发过程中，麦克马洪曾担任军团司令，在色当战役中被普鲁士军队俘虏，很快获释并投到梯也尔麾下。1871年5月21日，麦克马洪率兵进入巴黎镇压公社，在“流血周”里直接枪杀公社社员数万，野蛮残酷程度远超过1791年拉法耶特在战神广场开枪镇压巴黎民众的大屠杀。

继克列孟梭当选蒙马特尔市长的巴黎公社委员让-巴蒂斯特·克莱芒，在《流血周》一诗中写道：

巴黎在受难，
连幸免者也惶惶不安，
到处是军事法庭在宣判，
街道的砌石也都血迹斑斑……
我们又落入了耶稣会士
麦克马洪和杜邦罗之流的法网，
圣水纷纷洒落，
银钱塞满施舍箱……

1873年梯也尔下台后，麦克马洪这个血腥的刽子手被正统保王派推上法兰西第三共和国总统宝座。麦克马洪的执政纲领旨在重振神权，“恢复道德秩序和君主制”，而纲领的核心“公益项目”就是在蒙马特尔高地竖立起圣心大教堂，继续实行对巴黎公社的镇压。1873年6月16日，蒙马特尔高地上举行“圣心大教堂奠基大典”，工程预算为700万法郎。麦克马洪颐指气使，粉墨登场助兴，施展刽子手的淫威。1873年7月24日，麦克马洪一伙天主教强硬派以压倒多数在国民议会通过一项“特别法令”，诡称“建造圣心大教堂系根据‘全民意愿’，要洗清巴黎公社社员的罪行”。此项法令得到梵蒂冈罗马教皇庇护九世的赞许。按照该法令的精神，依照保罗·阿巴迪设计建造起来的圣心大教堂，在入口右侧立了一块布埃尔玫瑰色大理石碑碣，其上所刻铭文盗用“全民意愿”，即感谢上帝之子以“圣心”支持镇压巴黎公社，以此洗刷巴黎公社所犯下的罪恶。

关于“民意”，笔者进行了一番溯源。1871年4月初，巴黎公社成立后，向反动堡垒凡尔赛进军。盘踞凡尔赛的梯也尔匪帮杀害了率兵前来的公社国民自卫队将军杜瓦尔。巴黎民众闻讯义愤填膺，处决了作为人质在押的巴黎圣母院大主教达尔布瓦等人，普通社员在群情怒潮里的冲动之举，被列为巴黎公社的“罪恶”。继任大主教吉尔贝扯下“宽恕”面具，公社被血腥镇压后，他叫嚷全民报复。凡尔赛分子控制的国民议会以“民意”为名，于1873年通过关于建立圣心大教堂的“特别法令”，感激上帝保佑他们恢复了“秩序”。1914年，新拜占庭式的圣心大教堂落成，工程总指挥阿巴迪获5万法郎赏金。

一般游客不知道，蒙马特尔高地本是巴黎公社的精神圣地。公社惨遭镇压后，酷爱自由的当地民众并不屈服，他们选举成立了“蒙马特尔自由公社”（la Commune libre de Montmartre），显示蒙马特尔从精神上独立于维系法兰西第三共和国既立秩序的巴黎市政当局。20世纪80年代初，笔者有幸会见了蒙马特尔自由公社民主选举出的社长，在公社唯一老“乡警”的陪同下，跟他亲切长谈。这位民选社长的思维异常清晰，他首先声明，蒙马特尔自由公社实行整个高地独立自治，不受巴黎市政府管辖。他特别强调说：

“世界上最可贵的是自由与独立。蒙马特尔人始终信守这项原则。‘自由公社’之所以能在巴黎这个消费社会中长期存在，主要依靠的是我们不信金钱拜物教，保持人人平等的传统。每年圣诞之夜，公社都要专门到高地最穷困的家庭赠送礼品。”

他一边说，一边朝跟在一旁的70岁的“自由公社乡警”微笑，又接着谈到圣心大教堂，愤愤地说：

“高地上原来已有一座为天主教信徒盖的圣彼得大教堂。但是，巴黎公社被镇压后，当局又把圣心大教堂强加给我们，耗资超过最初巨额预算的6倍。后者丑陋不堪，是对蒙马特尔人的莫大污辱。我们蒙马特尔自由公社是巴黎公社精神的继承者。巴黎教会中限制修女自由最苛刻的圣心大教堂竟然阴险地让巴黎公社蒙受恶名，这是蒙马特尔人绝对不能接受的。麦克马洪之辈的所谓‘民意’，实为‘强奸民意’。真正的民意体现在高地歌手阿里斯蒂德·布吕昂的形象上。”

在民众眼里，阿里斯蒂德·布吕昂是一位杰出的自由歌者。他在高地的“黑猫”咖啡厅咏唱，“黑猫”的名称取自美国作家爱伦·坡一篇愤世嫉俗的怪诞小说，布吕昂则在彼反映19世纪末叶蒙马特尔的社会精神面貌。他谱写的《里昂丝织工人歌》唱遍法兰西大地，呼唤民众起来推翻世上豪强的统治，这正是巴黎公社社员们的社会革命理想，因此继承巴黎公社精神遗产的蒙马特尔人将希望寄托在他身上。蒙马特尔自由公社社长正是这类有心人，他提到已故“高地歌手”布吕昂时，回忆说：

“阿里斯蒂德·布吕昂崇仰巴黎公社，他虽然去世了，可是每当夜幕降临高地，他的身影就会出现在几股探照灯光聚射的圣心大教堂圆穹顶上，像复仇的幽灵回归高地，来还蒙马特尔人的心愿。”

言毕，他亲自领我走到已被夜幕笼罩的泰尔特广场，一齐朝圣心大教堂瞭望。但见高地上几处探照灯聚光教堂尖顶，整个建筑照得像霜打般惨白，灯辉通过教堂正面的钟楼，在主穹宇上突兀地映出一个外缘清晰异常的巨人形影。凡在巴黎街巷各处报亭看到过阿里斯蒂德·布吕昂肖像的人都会惊呼，那形影正是蒙马特尔自由公社的著名歌手。他身披画家图卢兹·劳特累克按他的着装习惯专门绘制的玄色宽大斗篷和深红领巾，屹立在高地之巅向圣心大教堂挑战，像是在高喊：“现在该咱们俩较量一番啦！”

此时，一路陪同我们的“乡警”说：“布吕昂身披大黑斗篷，每夕来这里历数凡尔赛匪帮的罪行。”旁边一位随我们一起观看这罕见“海市蜃景”的当地老妇人也豪迈地说道：“阿里斯蒂德·布吕昂的黑影，是我们蒙马特尔人复仇的征兆！”谚云：道高一尺，魔高一丈。回溯前尘，笔者在巴黎蒙马特尔目睹的这场魔与道的搏斗，实属一生中的“海外奇遇”。

真没想到，在欧罗巴六角国里也碰到“白娘子永镇雷峰塔”的咄咄怪事。尔后，陆续看见几位蒙马特尔著名画家关于追怀1871年巴黎公社的作品，特别是新印象派画家马克西米利安·吕斯的《1871年5月巴黎一条街》等，展示的都是圣心大教堂镇压巴黎公社的景象。阿道夫·维莱特是在高地民众中声望最高的画家兼诗人，曾当选“自由公社”社长。他的一幅《公社万岁！》描绘了凡尔赛匪帮在圣心大教堂前枪杀一个公社少年，那个雨果塑造的巴黎顽童加夫罗什临死振臂高呼“公社万岁！”，慷慨就义。另一蒙马特尔画家亚历山大·斯坦伦的画《解放者》则绘形绘色，凸显了巴黎公社的红色女神在社会革命运动里作为“解放者”高举战旗，向圣心大教堂发起猛烈冲击的一幕，表露了蒙马特尔民众反抗宗教精神压迫的心声。人们怀念两位高地画家，起先特将高地南坡通向圣心大教堂的山麓花园命名为“维莱特花园”，又在北坡建造了一座“斯坦伦街心花园”，在圣心大教堂两边各守一侧，与之抗衡。

斯坦伦作品《巴黎公社》

一位住在第十八区的高地居民无法忍受圣心大教堂高悬于巴黎城上，以巴黎公社女社员纳塔丽·勒麦尔的名义写道："我觉得，它在蒙马特尔区真是显得不匀称，丑陋不堪，镇压着一个小市镇里的其他建筑。"这个普通的蒙马特尔人向巴黎市政府递交了一份提案，严正指出："圣心大教堂是个凡尔赛毒瘤，对巴黎公社声誉构成凌辱，必须彻底拆除，以大快民心。"这位提案者建议由市政府拨款，以完成拆除工程。

一些美学家抨击圣心大教堂的建筑术，称它毫无艺术独创性，全然是“一堆笨拙垒砌的石头，势态臃肿，沉甸甸压在景色秀丽的蒙马特尔高地上，像一具阴森森恐怖的骷髅”。更有人憎恶它尖端的十字架，觉得这是统治者企图把宗教置于最高地位，压制巴黎人民思想的象征。再者，“圣心”乃耶稣的“仁慈之心”，象征其“对全人类的博爱”，以此来命名一座杀气腾腾的大教堂，显然十分不当。

圣心大教堂建造在蒙马特尔高地早就引起当地民众公愤，这是不容忽视的事实。而今，法国新闻电视台也公开报道：“确实，在众多左翼活动分子看来，圣心大教堂始终是镇压巴黎公社和为这场运动赎罪的象征。它竖立在蒙马特尔高地，那里是1871年3月18日巴黎公社起义的策源地。”

这项报道忽略了另一个事实，即反对建造圣心大教堂的不仅是左翼人士，镇压工人运动的法兰西第三共和国当权派政客克列孟梭也是最激烈的反对者之一。他曾从政教分离的角度斥责麦克马洪的行径，严词拒绝出席建造圣心大教堂的任何活动。1904年，巴黎市议会为捍卫政教分离的原则，也起而抗议将明显具有浓厚宗教色彩的圣心大教堂建立在蒙马特尔高地，拟将之改建成一个“民众之家”或一座剧场。圣心大教堂自建造之日起，抗议之声不绝于耳，动工翌年，一些法国青年扬言要用炸弹轰塌它。前几年，笔者在巴黎塞伊出版社负责人帕伊女士所赠《圣心大教堂的秘密》一书中读到，一位无政府主义者在20世纪就曾经策划炸毁这座压迫民众自由意向的法兰西“圣殿”。

面对反对者的愤懑，尤其是有人数度正式向市政府提交拆毁提案，竭力推行“统一思维”的主流媒体并非无积羽沉舟之虞。上文所提到的新闻电视台嗟叹：“自19世纪末，圣心大教堂就在蒙马特尔高地之巅占据了俯视巴黎全城的统治地位。可是，它还能维持多久呢？”该电视台就圣心大教堂的前途问题采访巴黎市政府负责“地方民主”事务的副市长波丽娜·韦龙，了解市政府对拆除提案所持态度。韦龙回答说：“这类提案明显不可接受……圣心大教堂不属于市政府，而且它已被国家列入‘历史性建筑’。”此话属实，因为这座教堂归巴黎总主教区府管辖，受到既立秩序的法律保护。

在法国历史上，1789年7月14日，巴黎民众攻破封建国家监狱巴士底堡。翌日，起义者挥镐捣毁巴士底狱，把拆下的石块搬到塞纳河协和大桥上，让行人踩踏脚底。

攻克巴士底狱一周年时，群众在监狱旧址组织盛大节日，立牌告示：“人民在此舞蹈！”1871年春天，巴黎民众视拿破仑一世下令建造的旺多姆圆柱为沙文主义的象征，群起将之推倒。可是，1874年，在开始动工建造圣心大教堂之后不久，旺多姆圆柱又得以重建，顶端又立着法兰西第一帝国皇帝拿破仑一世的雕像。历史就是这样循环反复。笔者记得，一位巴黎公社少女在当年伏尔泰广场弥漫的烟雾中，曾用她那山泉般清冽的嗓音歌唱：

眼下还有座座巴士底狱，
要把这社会的旧秩序
彻底冲垮！

如今，公社少女已去，其声杳渺，既立秩序依旧。像骆宾王那样眷恋穷城，徘徊歧路者亦识时务，且看今日之域中，竟是谁家之天下！《国际歌》的词作者欧仁·鲍狄埃在他的长诗《巴黎公社》中写下催人联想的警句：“巴黎公社，你没能在两个月里推翻座座巴士底狱，但却给后世留下了富有生命力的教喻。”

巴黎公社的精神遗产

1871年的巴黎公社运动，震撼了旧世界的座座巴士底狱。公社虽亡犹生。

2000年4月19日，巴黎市首次以“巴黎公社”命名了城里一座广场。翌年3月25日，巴黎公社之友协会举行数百人参加的“兄弟宴会”，在《国际歌》声中纪念公社诞辰。

1871年春天，大地萌动之时，巴黎人民自发奋起，庄严宣告成立巴黎公社。法兰西公众欢呼：

是谁在流血时含笑？

——是巴黎！

是谁要人民当家做主？

——是巴黎！

是谁孕育了一个新世纪？

——是巴黎！

是巴黎！是巴黎！

当时，画家库尔贝给母亲写信："此刻，我沉浸于狂喜之中。巴黎成了一座真正的天堂！"他宣布自己参加公社运动，并在一份给巴黎艺术家的《号召书》中说："啊！巴黎，巴黎，伟大的城邦刚刚抖掉了一切封建制度的灰尘。她这场革命发自民众，因而更显得公正。我们的纪元就要开始了。奇妙的巧合，下星期日恰恰是复活节。我们的复兴不是就要在那天出现吗？让我们一起向旧世界告别吧！"

1871年3月18日之后，巴黎举行自由选举，作家茹尔·瓦莱斯描写市政厅广场上的壮景："这场革命宛如碧蓝的河水，潺潺静淌。眼前的震颤，溢目的闪亮，管乐的声响，青铜的映象，冲动的希望与荣耀的芬芳，一切皆使共和派的胜利大军沉入自豪与欢乐的醉乡。"

接着，作家转向一个在街垒后边玩弹球的穷孩子："快过来，让我亲亲你！孩子，3月18日救了你。你原也会像我们经历的那样，长于弥漫的雾霭，在泥泞中蹒跚，在血泊里翻滚，饥肠辘辘，受尽凌辱，饱经卑贱者难言的痛苦。现在，这一切都结束了。吾辈曾为你流血流泪，来继承我们的事业吧！绝望者的儿子，你将是一个自由的人。”

“三月十八日运动”将革命与个人自由结合在一起，激起了社会各阶层广泛的热情。出身布列塔尼贵族的象征派作家维利耶·德·里拉唐伯爵在利沙加勒主编的《人民论坛报》上连载《巴黎声影》，赞颂公社说：“受奴役的民众宣告自己有生活和享受阳光的权利。”他认为巴黎公社体现了“一切民众皆兄弟”的权利平等和友爱思想。

可惜，巴黎公社仅仅存在了72天。公社诗人克莱芒怀念“樱桃时节”，吟唱：

多么短促呀，樱桃时节！
情侣们神游梦乡，
双双把耳坠采撷……
一串串樱桃蕴含着爱情，
从叶间脱落，宛如滴滴鲜血。
多么短促呀，樱桃时节！
梦幻里攀摘珊瑚耳坠的岁月！

尔后的悲剧，众所周知。1880年，“流血周”幸存者们结束国外流亡回到法兰西，重逢后成立了巴黎公社老战士“兄弟会”。女作家塞沃丽娜记载了他们的活动：

“每到离3月18日最近的星期天，会员们总要在一个很普通的餐馆里聚会。他们从布雷瓦纳、从市郊，甚至有的从外省蹒跚而来。这样跋涉长途，凑钱在一起吃顿粗茶淡饭，也是相当艰难的。不过，他们共同回忆往事，互相交谈，仿佛又回到了青年时代。

“每年聚会时，都有位置空出来，活着的会员日渐稀少。三十,二十……现在是否只剩下十个人了呢？……最后，等快到惯常的聚会日时，人们登出这样的告示：‘由于物价膨胀，巴黎公社老战士及友人协会今年不能组织聚餐了……’

“这些人曾经掌握首都、国库、银行存款、城市基金和私人保险柜。”塞沃丽娜继续写道，“他们不仅没有要求动用任何公款，而且手头一无所剩……甚至没有给自己留下暮年抽烟的零钱！

“‘傻瓜！’具有时尚思想的人兴叹道。

“不！这是一些诚实的人。应该向他们过时的精神、迂腐的廉耻心表示敬意……”

法国龚古尔文学院院士吕西安·德卡沃在他的长篇小

说《弗莱蒙》里，描述老公社社员葛洛麦斯流亡瑞士的生活，说："3月18日老社员聚会，葛洛麦斯从卧室将瓦尔兰的肖像移至饭厅，悬于餐桌上方，好像让他也入席……瓦尔兰俯视着他幸存的战友们，似欲一叙积愫。"

瓦尔兰是一位装订工人，当选为公社委员。早在1865年9月，他凑足4 000法郎巨款支持罢工工人，可自己却忍饥挨饿。在公社最后时日，他出任军事代表，坚守伯利维尔区剩下的几座街垒，终遭野蛮杀害，临刑高呼"共和国万岁！公社万岁！"，豪迈倒下。

当年，清政府驻法国使团英文翻译、23岁的张德彝目击巴黎公社社员的英勇气概，在日记中称道那些"叛勇"：有仰而笑者，"虽衣履残破，面带灰尘，其雄伟之气，溢于眉宇"。

公社被镇压40多天后，一家中国清朝报纸开始报道法国"官军戡乱"，将"乱匪"发往新喀里多尼亚充军，"以肃典章，而除凶孽"。在近4000名被流放到新喀里多尼亚的公社社员中，就有青年诗人古斯塔夫·玛罗佗。他因在公社期间写过文章，被凡尔赛军事法庭判处死刑。维克多·雨果在《召唤报》上发表公开信，为他辩护道："因在报纸上发表一篇文章，就将一个人判处死刑，此类事迄今还未曾见过。"

迫于舆论压力，军事法庭改判玛罗佗服终身苦役，实际上是让他病死在遥远的新喀里多尼亚苦役营中。

“红色圣女”路易丝·米歇尔在公社《回忆录》里记载了玛罗佗去世时对“三月十八日运动”至死不渝的感人场面。她写道：“玛罗佗在从法国启程以前就患了肺病，于1875年3月18日死去。据我所知，他死时年仅25岁。”

在这之前，玛罗佗的肺病已经拖了将近6年，最后的时刻到来了。从1875年3月16日起，他生命垂危，奄奄一息。人们料他已没什么耐头了。突然，他挺起身来，问医生：

“难道现代医学都无法让我再熬一阵，活到我那光辉的生辰吗？”

“您会活到那天的。”医生答道，不禁潸然落泪。

玛罗佗果真活到了3月18日才死去。逝者双目久久不瞑，仿佛在黑暗中盼望着人民审判日的到来。

巴黎公社何以如此深入人心，且看她在诗人兰波身上的影响。公社一成立，在年轻的天才诗人兰波心里就有了强烈应和，他为之谱写了《巴黎战歌》。公社惨遭镇压后，兰波写信给自己的中学老师伊桑巴尔，说：“我一腔狂愤，心向战斗的巴黎，众多劳动者正在那边死去……”嗣后，他又写下《巴黎的酒筵》和《让娜·玛丽的双手》两首诗，

“继续做那些最伤心的梦”，依旧“呼唤新型劳动的诞生”。

巴黎公社究竟给后人留下什么启示呢？卡尔·马克思在《法兰西内战》一书中指出，巴黎公社是“生产者的自治政府”，“由人民自己当自己的家”，强调这是一场真正的人民主权运动。这一分析完全符合公社的存在，及其所采取的社会措施。为此，让我们来看看巴黎公社的重要历史文献。

公社乍一成立，就发布《告法兰西人民书》，提出了自己的执政纲领，强调“公民持续参与公社事务，自由发表他们的意见，维护其自身权益”。为此，“民众始终有权对公社各级官员进行监督和予以撤换”。本着权力必须受到有效约束的原则，赛拉叶和鲍狄埃等经直接选举产生的公社委员联名发布公告，主动请求群众监督。他们恳切地说：“公民们，请别忘记，如果官吏脱离人民，自行动议，势必会陷入专断的泥潭。没有你们爱国的协助，我们纵有一片忠心也是徒然。”

路易丝·米歇尔尖锐地告诫：“一切权力都具有腐蚀性。”故而，必须采取防范措施，避免社会公仆转化为社会主人。在1871年5月19日的公社委员会会议上，“少数派”代表古斯塔夫·勒弗朗赛提出了人民主权可能被篡夺的危险。他说：“主权在巴黎公社全体选民手中，公社只是执行者……照此原则，公社委员没有从选民那里获得这样一种权力，即他们可以靠之篡夺只属于后者的主权。”可见，这些公社思想家早就预感到了现代民主通过权力委托可能产生的异变，可能形成的特权和腐败。纵观当今世界，人们不难领会到，在使劳动的解放遵循民主自治的道路，创造人类自由、平等的新秩序上，巴黎公社的经验无疑是最宝贵的精神遗产。正是本着勒弗朗赛这一对“权力异变”的远见，欧仁·鲍狄埃将他的《国际歌》题献给“古斯塔夫·勒弗朗赛公民”。

据笔者所知，20世纪60年代建立的法国巴黎公社之友协会正是以捍卫公社这一理想为宗旨。该协会主席克洛德·维拉尔教授说：“从词源上讲，‘民主’就是人民主权，法国大革命1793年宪法明确了这一点，而真正首次将之付诸实践的，正是巴黎公社。可以说，巴黎公社是有史以来最真诚的民主，在其产生的时代已经提出了我们至今仍面临的问题，因而具有特别重要的现实性。”他继续说：“我们生活的社会是不平等、非人道的。金钱势力一统天下，鼓吹个人成功的迷信。邪恶之兽腹中产生着种族主义、仇外和狂热……”

因此，我们迫切需要高举巴黎公社的旗帜，向世界表明：在资本网络遍及全球的时代，乌托邦并没有终结。

法国国民议会为巴黎公社平反昭雪

2016年是巴黎公社运动145周年。11月29日，法国国民议会依据《宪法》34-1条款通过第907决议，由议长克洛德·巴赫托洛纳签署“为所有遭镇压的1871年巴黎公社社员平反”。支持此项提案的社会党与环保改革派领袖布鲁诺·勒鲁及巴黎议员声称，“这一庄严行动”是在“尽历史责任”，特别希冀：“此举旨在给那些为自由不惜被立即处死和受到不公正判决的妇女和男子以荣誉和尊严。”国民议会这项决议用的是“平反”（la réhabilitation）一词，明确它不是一次新的“赦免”，亦非出于对“牺牲者”的怜悯，而是直面事实，还历史真相。

压制为巴黎公社平反，本是法兰西第三共和国的耻辱。故而，为19世纪最后一场人民革命运动公开平反绝非易事，在议会里经过了一场整整两个小时的激烈争辩。2016年正值巴黎民众纪念《国际歌》作者欧仁·鲍狄埃诞辰200周年。在议会辩论时，埃尔韦·费隆议员即席朗诵鲍狄埃1885年发表的诗歌《公社没有覆亡》：

他们镇压巴黎公社，
用霰弹和夏塞波枪，
又把红旗裹在她身上，
推进深坑里埋葬。
那伙肥猪般的屠夫
自恃豪强。
…………
凡尔赛人至少把十万群众
残杀在屠场。
可是，你瞧！屠戮了十万人，
也没能够奏效。
…………
公社并没有覆亡！

朗诵者话音一落，国民议会大厅里响起一片掌声。右翼阵营里，一些现代“岱纳迪埃”，诸如亲国民阵线的吉尔贝·科拉尔之辈急急乎破门而出。他将镇压巴黎公社的刽子手，已故枭雄梯也尔与公社战士相提并论，叫嚷：“让死人去埋葬死人吧！”他攻击支持平反的左派议员是为挽回在国内政坛的颓势，寻机“壮烈输血”。但是，他们施展的伎俩没能阻止时代车轮滚滚向前，1871年春天的“冲天”英烈们终于在2016年得到了平反。

法国国民议会的决议一经传出，各大媒体纷纷报道。《人道报》发表奥利维·莫兰的署名文章，援引左翼阵线议员让-雅克·冈德里耶在议会辩论的发言，肯定巴黎公社的业绩，说：“巴黎劳动者奋力结束了剥削与压迫，在全新的基础上重组社会。”尤为突出的是，让-雅克·冈德里耶称巴黎公社为“法国工人运动史上最伟大的事件”，“法国历史上悲壮的一页”，提议将巴黎公社史列入学校课程，并确定一个全国性的“巴黎公社纪念日”。

须知，巴黎公社被血腥镇压后，梯也尔任命的凡尔赛军总司令麦克马洪为丑陋的圣心大教堂揭幕，甚至感谢上帝保佑他们镇压了公社。尔后，法国历史书都是从第二帝国直接跳到第三共和国，严令禁止提及巴黎公社，不得进入教科书。更令人惊愕的是，当局派荷枪实弹的士兵把守在“公社战士墙”前，行人不得靠近。

平反提案人、社会党议会文化与教育委员会主任帕特里克·布洛什引用雨果的诗句：“从我们身上的黑夜里，会闪烁出明亮的星辰。”布洛什以此意象描绘给巴黎公社平反会产生的效应，进而追忆起1871年5月21日至28日的“流血周”，凡尔赛分子进入巴黎对公社的血腥镇压。他提到《樱桃时节》作者、诗人让-巴蒂斯特·克莱芒守卫封丹奥鲁瓦街垒的最后激战和公社“红色圣女”路易丝·米歇尔列举“公社无数无名牺牲者”，要求为他们昭雪。实际上，凡尔赛匪帮不经法庭审判程序，就地处决的公社社员超过3万，监禁4万多，包括妇女、儿童1400余人，流放到新喀里多尼亚和北非阿尔及利亚又近万人，总数达到10万之多。

国民议会通过“平反”决议翌日，《世界报》撰文，确认巴黎公社是“为自由而战”的革命。文章援引了法国政府负责处理与议会关系的国务秘书让-玛丽·勒甘的论断，强调为巴黎公社平反能够“促进对爱国者、起义者的记忆传承，光扬他们给共和国以启迪的价值观”。

《费加罗报》则在评论文章前刊载了拉雪兹神甫公墓里“巴黎公社战士墙”的大幅照片，上边铭刻：“献给公社的烈士（1871年5月21日至28日）。”正是在这座夏洛纳砖墙前，巴黎公社最后147名战士高呼“公社万岁！”口号，英勇就义。当年11月1日万圣节，一些扫墓者冲破笼罩劫后巴黎的白色恐怖，往墙脚摆花，使之成为一座天然的公社革命纪念碑。1936年5月28日，左翼人民阵线普选获胜时，来此献花者多达60万人。民众诗人茹尔·朱依挥笔赋诗，曰：

绿茵茵的嫩草下，
被枪杀者已经安息。
摆满的花环和红旗，
遮蔽着受难者的墙，
公社战士的宿地。

法国多家媒体都提到，国民议会1879年3月3日曾对巴黎公社社员实施部分赦免，还应雨果等人呼吁，于1880年7月11日颁布“全面大赦”。需要指出的是，这两项举措的出发基点都是公社社员“犯有罪行”，实为黑白颠倒。此届议会辩论中，前海外省女部长波–朗日万揭示1880年的大赦如同“浇铸一个铅盖”，用以遮蔽巴黎公社社员惨遭血洗的现实。巴黎公社之友协会更不认同此类虚伪的“法律从宽”，谴责它旨在维持原判的前提下，让人们从此沉默，意识殁入忘川。

早在2011年，巴黎公社之友协会就要求当局为巴黎公社正式公开平反。到2013年，一些社会党和共产党议员几度联合推出为巴黎公社平反的备忘录提案。眼下，法国国民议会通过的决议，虽由一批左翼议员出面提出，但据我所知，实际上乃是巴黎公社之友协会累年努力推动的结果。

为巴黎公社社员平反，远非单纯撤销凡尔赛军事法庭和第三共和国的不公正判决，而是要承认公社社员思想的高标，追念那些在1871年初春奋起“冲天”，建立“社会民主共和国”，在人类历史上第一次实践“人民主权”理想，并为之流血牺牲的先烈。欧仁·鲍狄埃有诗云：

> 《费加罗报》的文化警察
> 是一伙贩卖无耻谰言的奸商。
> 他们将满嘴诽谤的毒汁，
> 喷在公社英烈的坟地上。
> 吐着硝镪水的
> 是那些小仲马和杜岗。

尼古拉呀！

这一切都是枉费心机，

公社并没有覆亡！

在综述巴黎公社及其经验，论及为这场伟大革命运动正名时，作家埃里克·弗尼耶赞美“三月十八日运动”是“未来革命的晨曦”，巴黎公社将“人民主权”提升到了最高高度，坚持这一主权不容被权力委托人篡夺，对今朝仍具有极强的现实意义。君不见，当今之天下仍任寡头权威泛滥，少数人享受特权，即使在欧美所谓的民主国家里，也根本没有实现真正的人民主权。从这一层意义思量，1871年春天的巴黎公社运动，恰是一泓在社会革命上滋养思维的精神源泉。

1871年的巴黎公社运动，曾震撼旧世界，公社虽亡犹生。2000年4月19日，巴黎市首次以“巴黎公社”命名了第十三区一座广场。翌年3月25日，巴黎公社之友协会举行数百人参与的“兄弟宴会”，在《国际歌》声中纪念公社诞辰。2016年，法国国民议会通过决议，为昔日遭受血腥镇压、被打入炼狱的巴黎公社平反。作为一名中国的“公社之友”，笔者深深为之感动。